INTRODUCTION

À

L'ÉTUDE DU DROIT

PARIS — MPRIMERIE G. ROUGIER ET Cie

1, RUE CASSETTE, 1.

INTRODUCTION

A

L'ÉTUDE DU DROIT

PAR LE PROFESSEUR

EMILE ACOLLAS

Droit et Liberté.

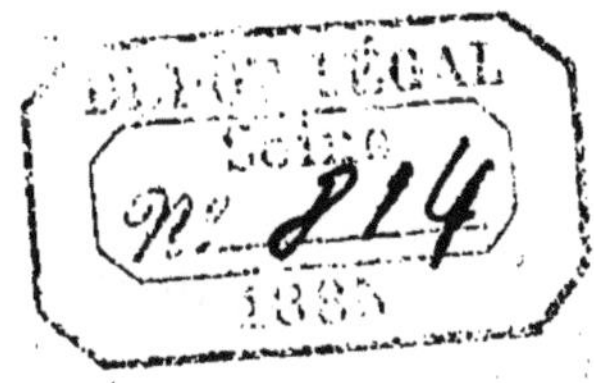

PARIS

LIBRAIRIE A. MARESCQ AINÉ

A. CHEVALIER-MARESCQ, SUCCESSEUR

20, RUE SOUFFLOT, 20

1885

INTRODUCTION

A L'ÉTUDE DU DROIT

En haut, les esprits.

Une doctrine — non pas, c'est trop haut pour nos temps — une pratique, au déclin de ce siècle, se propage de plus en plus, égare les esprits, éteint les cœurs; d'après cette pratique, le Droit, s'il n'est pas une forme subtile, cachant un fond fréquemment vide, un art fallacieux de faire sortir d'une proposition ou d'un texte ce qu'ils ne contiennent pas, ou même le contraire de ce qu'ils contiennent, une méthode la mieux ordonnée, non la moins pernicieuse, d'équivoque et de probabilisme, le Droit serait une collection d'indications empiriques, ou, pour parler plus au vrai, un ensemble d'expédients au moyen desquels individus et nations s'en tireraient comme il pourraient, — espèce de rose des vents à consulter au jour le jour, en se gardant de choisir le vent du naufrage!

C'est contre cette dégradation de la raison qu'il importe de réagir.

Il existe une Idée du Droit; cette Idée est dans l'Histoire, elle s'y développe, elle y progresse! Il est un Idéal du Droit.

C'est pour vous mettre, jeunes gens, dès le début de votre étude, à même de comprendre et d'affirmer cet Idéal que ces pages ont été écrites.

Dans une forme que nous avons cherché à rendre aussi succincte que possible, nous exposons :

1° Les notions philosophiques du droit;

2° Les notions historiques.

Puis vient un chapitre qui traite des conditions de la rénovation de la science et des études juridiques, ainsi que des conséquences probables et désirables de cette rénovation.

On y a ajouté, en dehors des bibliographies se rapportant à chaque grande période historique, la liste de quelques ouvrages propres à former le premier fonds d'une bibliothèque de l'étudiant en Droit.

Quatre Appendices complètent l'ensemble :

Le premier contient les procès-verbaux d'un comité qui avait pour but, sous l'Empire, d'étudier les questions de réforme et de refonte de la législation civile, et qui se composait de membres ayant occupé depuis, ou occupant encore de hautes positions politiques ou administratives ;

Le deuxième reproduit le commencement de la leçon d'ouverture du Cours de Droit civil Français dont l'auteur fut chargé à l'Université de Berne ;

Le troisième consiste dans une lettre adressée à la Société d'Anthropologie, et publiée sous le titre de : *Anthropologie et Droit* ;

Le quatrième renferme un résumé analytique des constitutions de l'époque de la Révolution.

Octobre 1884.

CHAPITRE PREMIER

NOTIONS PHILOSOPHIQUES.

Ces notions comprennent :

1° Les définitions de la Loi, de la Morale et du Droit;
2° La détermination de l'Idéal du Droit;
3° Celle de la méthode applicable au Droit;
4° Les définitions du Droit naturel, du Droit positif et du Législateur;
5° Les divisions du Droit positif.

SECTION PREMIÈRE

DÉFINITIONS DE LA LOI, DE LA MORALE ET DU DROIT

En tête de son *Esprit des Lois*, Montesquieu a écrit :

« *Les lois sont les rapports nécessaires qui dérivent de la nature des choses.* »

Cette conception a soustrait pour jamais la notion de la Loi à l'empire de l'arbitraire.

Il existe une nature des choses; il existe des êtres, formant un tout, un ensemble, un ordre du monde, c'est-à-dire reliés entre eux de la manière que détermine et que commande leur nature.

Ce lien, ce rapport, voilà la Loi.

Ainsi définie, la Loi comprend toutes les lois.

Pour l'homme, il y en a de deux sortes : les unes et le

autres ont pour base la nature humaine; pour organe, la raison; pour sanction, la conscience; elles diffèrent en ce que le domaine des unes ne tend qu'à s'accroître, et celui des autres qu'à diminuer : en ce que la conscience, unique sanction des unes, reçoit pour les autres le supplément d'une coercition extérieure et sociale.

Les premières constituent la science de la Morale; les secondes, la science du Droit.

La Morale considère l'homme, soit par rapport à lui-même, soit par rapport aux autres hommes.

La formule de la Morale est celle-ci : Sois libre, respecte la liberté des autres, aime les autres.

Au point de vue de la raison, le principe de la Morale est donc la Liberté, de même qu'au point de vue du sentiment, ce principe est la Fraternité; la liberté de chacun impliquant la liberté de tous, c'est-à-dire l'Égalité; la Fraternité, développant et complétant la Liberté.

Le Droit, proprement dit, ne considère l'homme que dans ses rapports avec les autres hommes, et il n'embrasse que ceux de ces rapports dans lesquels l'intervention sociale reste nécessaire.

La formule du Droit est celle-ci : Respecte la liberté des autres.

Le Droit est donc fondé tout entier sur la liberté.

Dans un sens étranger à la classification scientifique, le Droit désigne même la partie de la Morale qui repose sur la Liberté; d'après cette classification, *il est seulement l'ensemble des lois qui donnent lieu à l'emploi de la force sociale pour contraindre celui qui empiète sur la liberté d'autrui.*

Cette sanction, ce signe propre et caractéristique du Droit, se nomme l'ACTION.

Dans l'ordre de la législation, il est maintenant facile de dire ce qu'est la Loi; elle est l'expression du Droit; c'est-à-dire qu'elle déclare le Droit en déterminant, en principe, les cas où l'action doit exister.

SECTION II

DÉTERMINATION DE L'IDÉAL DU DROIT.

Toute science de la nature et de l'homme n'est qu'une ébauche, sans cesse réformable et sans cesse perfectible; nous nous dirigeons vers le plus haut terme que nous apercevions, et, parce qu'il nous faut un mot, nous nommons, bien que par un excès de langage, ce plus haut terme, l'*absolu*. Et nous nous efforçons d'y atteindre, par l'idée, de plus en plus, de le réaliser, aussi, de plus en plus dans les faits, en tant qu'il s'agit de ceux qui relèvent de notre activité; mais qu'est-ce à dire, sinon que nous montons sans cesse dans l'échelle de la relativité, et qu'à mesure que nous franchissons un degré nouveau, l'absolu se renouvelle, se transfigure et se dérobe à notre désir.

Voilà la science, voyons le Droit; quel est, non pas en lui-même, ce qui n'est déterminable que pour chaque époque ou mieux encore pour chaque moment de chaque époque, mais quant à sa direction la plus générale, l'absolu du Droit?

Le Droit, soit au sens large, soit au sens technique, a-t-il été dit, consiste dans le respect de la liberté des autres; j'ajoute maintenant que cette notion est inscrite aux entrailles de la nature humaine.

Qu'est-ce, en effet, que la nature humaine? Interrogez les psychologues et les physiologistes; ils pourront différer sur le principe, mais tous, depuis des siècles, s'accordent à répondre que l'homme est une activité douée de sensibilité, de raison et de volonté; et si cette sensibilité, cette raison, cette volonté varient, pour le degré, d'individu à individu, les trois se retrouvent essentiellement dans tout être à figure humaine.

Quel est donc le droit d'un homme en face d'un autre homme, quel peut-il être, s'il n'est pour chacun le droit de développer, de gouverner son activité comme il l'entend, de devenir, en un mot, tout ce que sa nature comporte, ce qui n'implique, comme limite, pour chacun, que le respect du Droit des autres, mais ce qui suppose dans chacun l'amour des autres.

Par là il se voit que l'absolu du Droit, quant à sa direction générale, sa base, son idéal est de garantir à chacun le libre exercice et la libre évolution de ses facultés, d'assurer à chacun, sans distinction ni de race ni de sexe, son autonomie; de fonder, enfin, pour chacun cette pleine et suprême liberté : *Le droit inaliénable, le droit perpétuel de disposer de soi-même.*

Mais le Droit technique est un auxiliaire de la morale, et c'est un auxiliaire qui emploie au besoin la force pour contraindre ceux qui transgressent ses règles (1), tandis que la Morale — je ne parle, bien entendu, que de celle qui n'est point infidèle à son principe — la Morale n'invoque jamais que la puissance de la persuasion. Le progrès consiste donc aussi à éliminer de plus en plus, autant qu'il est possible, le Droit technique pour ne laisser debout que la pure Morale.

Et pour cela, que faut-il faire? Il faut construire la Morale, à son tour, sur une base naturelle et rationnelle, et en vulgariser l'enseignement.

SECTION III

DÉTERMINATION DE LA MÉTHODE APPLICABLE AU DROIT.

La question de la méthode applicable au Droit n'est pas distincte de la question de savoir quel est, en général, le meil-

---

(1) Hélas! que nos législations en sont loin, de cet idéal! Toutes, en des points fondamentaux, sont issues des absurdes traditions de la Cité antique et du Moyen âge; toutes sont corrompues par ce double dogme romain, que le Droit social prime le Droit individuel, et que le législateur est omnipotent; toutes demeurent engagées dans de telles ténèbres, que c'est à peine si l'on peut dire de quelques-unes que le soleil de la vraie civilisation a commencé de les éclairer.

leur procédé d'investigation de la nature; or, à l'égard des sciences naturelles ou physiques proprement dites, ce point est tranché depuis des siècles; il y a des siècles, en effet, que dans ces sciences, l'on pratique universellement la méthode qualifiée d'expérimentale et inductive.

Cette méthode est également celle qui convient au Droit; seulement l'expression d'expérimentale, suffisamment claire lorsqu'il s'agit des sciences naturelles ou physiques, manque, au contraire, de netteté et d'ampleur, lorsqu'on l'applique aux sciences morales et politiques.

Dans les sciences naturelles et physiques, en effet, une expérience a lieu, une autre de même sorte la suit, et celle-ci, pour réussir, n'a besoin que de répéter exactement celle qui l'a précédée. Or, habituellement, quoi de plus facile que de retrouver, pour procéder à la seconde, les conditions générales d'expérimentation dans lesquelles s'est opérée la première! Tout autre est le cas des sciences morales et politiques, car la base de ces sciences, à savoir la nature humaine, est soumise à une loi de progrès. Aussi, dans les sciences morales et politiques, le passé, quelque considérable qu'en soit l'enseignement, ne peut fournir qu'une direction; ce qu'en effet les sciences morales et politiques ont à faire, ce n'est point d'apprendre au lendemain à recommencer la veille, conception d'ignorants ou d'insensés! c'est de suivre et d'aider la marche ascendante du genre humain.

Comment donc trouver un terme assez compréhensif pour désigner la seule méthode qui convienne à toutes les sciences de la nature, au Droit et à la Morale comme aux autres?

Dans la première moitié de ce siècle, un érudit d'outre-Rhin M. de Savigny, a fait grand bruit d'une prétendue méthode qu'il appliquait exclusivement au Droit et qu'il appelait méthode historique. Certes l'Histoire, lorsqu'on sait l'élever à sa plus haute généralité et en dégager l'idée qui seule lui donne un sens et une valeur, l'Histoire peut être d'un grand secours pour la science du Droit; mais le jurisconsulte l'étudiât-il de la seule manière profitable, c'est-à-dire philosophiquement, il ne saurait y trouver tout l'enseignement dont il a besoin ; pour acquérir un vrai savoir, il faut encore qu'il sache observer lui-même les faits contemporains et pénétrer à fond les grands courants de vie de son époque.

Est-ce là ce qu'a fait M. de Savigny?

A la fois le plus chimérique et le plus positif des juristes, M. de Savigny considérait le Droit romain comme une sorte d'organisme vivant, et, après avoir construit cet étrange fétiche, il s'inclinait devant lui, il l'étudiait amoureusement, et il arrivait à écrire cette phrase prodigieuse : « la connaissance des détails est l'unique chose qui puisse assurer du prix à l'histoire. »

La tentative faite par M. de Savigny et par ses sectateurs pour ramener le Droit à des traditions épuisées, marque en somme une période d'extrême réaction dans le développement de l'idée du Droit; elle correspond à merveille à la perturbation morale de nos temps, aux indécisions d'une époque où tant de lâches esprits se cramponnent aux débris de tous les régimes, parce qu'ils n'osent regarder de face l'avenir. Au surplus, l'École de Savigny est morte avec lui, et les pâles survivants de ce micrologue ne sont eux-mêmes que des ombres du maître.

Pour conclure, le nom, qui paraît le plus propre à désigner la méthode applicable à toutes les sciences de la nature, est celui de *méthode rationnelle et inductive d'observation de la nature.*

Cette méthode doit être rationnelle, car l'homme n'a qu'un seul instrument pour découvrir la vérité, et cet instrument, c'est la raison.

Cette méthode doit être inductive, car la raison ne connaît de prime abord avec quelque certitude que les faits particuliers, et ce n'est qu'en généralisant ces faits qu'elle peut arriver à la notion des lois.

Enfin cette méthode doit avoir pour fondement l'observation de l'homme, car quel moyen plus adéquat de parvenir à connaître la vérité que d'observer l'objet qu'il s'agit de connaître!

SECTION IV

DÉFINITIONS DU DROIT NATUREL, DU DROIT POSITIF ET DU LÉGISLATEUR.

Le Droit naturel est identique au droit idéal; il est le Droit idéal en soi, le Droit idéal dans toutes les divisions de la science du Droit et dans tous ses détails.

Traduit en formules par l'autorité compétente, pour la vie quotidienne des sociétés, il devient le Droit positif.

L'évolution du Droit naturel ne s'arrête jamais; aux époques mêmes où l'humanité vacille le plus dans sa marche, à celles où elle semble rebrousser chemin et où la raison et la conscience tombent en détresse, le Droit naturel germe, grandit et n'attend que l'heure propice pour paraître.

Le Droit positif emprunte toute sa légitimité au Droit naturel; il aurait pour perfection d'être le Droit naturel, tel qu'il existe à un instant donné.

De là peut se déduire la notion du législateur.

Idéalement, le vrai législateur est celui qui dégage le mieux le Droit naturel et qui sait en trouver la meilleure formule; c'est en même temps celui qui est le plus apte à en suivre l'évolution permanente.

Le législateur, c'est la société tout entière, savants, artistes, industriels, gens de toutes professions et de tous métiers.

Le terme du progrès serait que l'individu connût et voulût son droit, et, par conséquent, le droit d'autrui; ce jour-là, la notion même du législateur s'évanouirait; il n'y aurait plus matière à coercition, à action, et la Morale aurait supprimé le Droit.

Dans nos sociétés où la fonction du législateur n'est pas près de devenir inutile, cette fonction appartient essentiellement à chacun des membres de la société.

Cependant l'étendue des États et l'imperfection de l'idée du Droit concourent à en amener la délégation.

Aussi longtemps demeurera-t-on sans comprendre que le Droit a pour principe la Liberté, aussi longtemps subsistera cette délégation avec son caractère universel et oppressif.

Délégué ou non, le rôle du législateur est strictement circonscrit.

Le Législateur n'a pas à créer, il n'a qu'à constater des rapports; s'il crée, il se place en dehors de sa fonction et contredit l'idée du Droit.

SECTION V

DIVISIONS DU DROIT POSITIF.

D'après la doctrine reçue, le Droit positif se divise :

Au point de vue de son origine en :

1° *Droit écrit ;*
2° *Droit non écrit.*

Au point de vue des rapports dont il est l'expression en :

1° *Droit international ou des gens ;*
2° *Droit politique ou public ;*
3° *Droit privé ou civil.*

Ces trois dernières divisions manquent, selon nous, d'exactitude scientifique.

Considéré dans ses éléments rationnels, le Droit international appartient à la Morale et non pas au Droit.

Le Droit politique et le Droit privé se rangent l'un et l'autre sous la qualification commune de Droit politique; le Droit politique se divise en :

1° *Droit de cité ou Droit politique, sensu stricto ;*
2° *Droit de famille.*

I. — Divisions du Droit positif au point de vue de son origine.

DROIT ÉCRIT ET DROIT NON ÉCRIT.

1° DROIT ÉCRIT.

On appelle Droit écrit le droit formulé par le législateur.

Usitée en droit romain et recueillie par le droit français, cette mauvaise locution désigne, comme on le voit, le droit EXPRÈS.

Elle s'applique sans qu'il y ait lieu de distinguer si la formule légale procède du législateur lui-même ou de son délégué.

2° DROIT NON ÉCRIT.

On désigne sous ce nom le droit qui dérive de l'usage.

Le Droit non écrit ne peut, par conséquent, émaner que du législateur lui-même.

Le Droit non écrit, c'est en d'autres termes, le droit TACITE droit d'autant plus certain qu'il est plus immédiat et plus constant.

L'absence de toute science constituée du Droit politique fait que l'on pose encore aujoud'hui la question de savoir si l'usage a force de loi.

Dans notre société de suffrage universel, l'affirmative ne nous paraît ni niable ni même discutable.

II. — Divisions du Droit au point de vue des rapports dont il est l'expression.

DROIT INTERNATIONAL OU DES GENS, DROIT POLITIQUE OU PUBLIC, DROIT PRIVÉ OU CIVIL.

1° DROIT INTERNATIONAL OU DES GENS.

Le Droit international est l'expression des rapports nécessaires des nations entre elles.

Le Droit international a été jusqu'à ce jour une morale

internationale, je dirai tout à l'heure laquelle, il n'est pas un droit; le signe propre et caractéristique du Droit, *la sanction de l'action*, lui fait défaut.

Entre nations, lorsque l'une viole le droit de l'autre, comme il n'existe pas de pacte qui lie le genre humain et qui en mette la force collective à la disposition de la nation dont le droit est violé, cette nation ne peut recourir qu'à sa propre force.

Cette coercition diffère en deux points de l'action que confère le Droit :

1° L'action n'est accordée qu'à la suite d'un jugement qui déclare quelle est, entre les deux parties en conflit, celle qui a violé le droit de l'autre;

2° L'action ne s'exerce que dans la mesure où l'exige la réparation du droit violé.

Sans doute, la nation dont le droit est violé emploie légitimement sa force pour s'opposer à cette violation; mais il n'y a là qu'un fait de résistance, qui ne constitue pas une sanction du droit.

Entre particuliers, c'est un principe fondamental qu'on ne se fait pas justice à soi-même; entre nations, le principe est renversé.

Le Droit international peut-il devenir un droit véritable? La sanction de l'action peut-elle y être introduite?

La chimère d'un tribunal arbitral qui déciderait entre les nations est réfutée par l'histoire autant que par la raison. L'Amphictyonie grecque n'a pas empêché la lutte d'Athènes et de Sparte, et l'assujettissement final de toute la Grèce au joug de Sparte.

A supposer qu'une sorte d'Amphictyonie pût être instituée de manière à donner des garanties suffisantes à la justice, un pareil tribunal aurait toujours ce vice irrémédiable d'être impuissant à faire respecter ses décisions.

Que si, pour lui venir en aide, on comptait sur la force de l'opinion, qui ne voit immédiatement que le véritable tribunal arbitral serait alors l'opinion elle-même, et que si l'opinion a une telle force qu'elle fasse obstacle à la guerre entre les nations, c'est que désormais elle les gouverne.

Par là se dégage la solution du problème.

Lorsque la suppression des intérêts dynastiques aura rendu toutes les nations maîtresses d'elles-mêmes, lorsque la production et l'échange se seront organisés sous une loi générale de liberté, lorsqu'une nouvelle conscience, à vrai dire la plus ancienne de toutes, la seule permanente, la seule dont les progrès soient constants, malgré ses obscurcissements séculaires et ses engourdissements accidentels, lorsque la conscience humaine aura vaincu, la solidarité des individus et des peuples passera de l'ordre de la foi dans celui des faits et deviendra le fondement de l'harmonie universelle (1).

---

(1) Ces idées se rattachent directement à la tradition du XVIIIe siècle; voici dans quels termes Condorcet les a exprimées :

« *Les peuples les plus éclairés, se ressaisissant du droit de disposer eux-mêmes de leur sang et de leurs richesses, apprendront peu à peu à regarder la guerre comme le fléau le plus funeste, comme le plus grand des crimes. On verra d'abord disparaître celles où les usurpateurs de la souveraineté des nations les entraînaient pour de prétendus droits héréditaires.*

Les peuples sauront qu'ils ne peuvent devenir conquérants sans perdre leur liberté, que des confédérations perpétuelles sont le seul moyen de maintenir leur indépendance, qu'ils doivent chercher la sûreté et non la puissance. Peu à peu, les préjugés commerciaux se dissiperont : un faux intérêt mercantile perdra l'affreux pouvoir d'ensanglanter la terre et de ruiner les nations sous prétexte de les enrichir. Comme les peuples se rapprocheront enfin dans le principe de la politique et de la morale : comme chacun d'eux, pour son propre avantage, appellera les étrangers à un partage plus égal des biens qu'il doit à la nature ou à son industrie, toutes ces causes qui produisent, enveniment, perpétuent les haines nationales, s'évanouiront peu à peu; elles ne fourniront plus à la fureur belliqueuse ni aliment, ni prétexte. »

(Condorcet, *Tableau historique du progrès de l'esprit humain.*)

Après Condorcet, voici Kant :

PREMIER ARTICLE DÉFINITIF D'UN TRAITÉ DE PAIX PERPÉTUELLE.

La constitution civile de chaque État doit être républicaine.

SECOND ARTICLE.

Il faut que le droit des gens soit fondé sur une fédération d'États libres.

(Kant, *De la paix perpétuelle.*)

Pour les nations européennes, la solution qu'ont annoncée Condorcet et Kant se pose comme l'un des termes d'une redoutable alternative : ou les

Le moyen de réaliser de plus en plus cet idéal est double :

Il faut, en premier lieu, que les nations soient libres, c'est-à-dire qu'elles s'appartiennent en fait, comme elles s'appartiennent en droit;

Il faut, en second lieu, qu'elles forment des confédérations, que ces confédérations se relient les unes aux autres, et que, de proche en proche, elles arrivent à constituer cette alliance du genre humain dont la conception n'est aujourd'hui qu'un rêve, mais dont l'invincible logique des choses promet l'accomplissement à nos neveux.

La liberté des peuples, tel est le premier terme de la solution ;

La confédération des peuples libres, tel en est le second.

Cet enchaînement est forcé, mais l'idée même du Droit international s'y anéantit; elle est absorbée par celle du Droit politique. Le Droit international qui, dans l'état actuel, ne constitue pas un droit, n'est donc pas destiné à en devenir

---

causes qui prolongent la durée de l'inexprimable chaos au milieu duquel elles se débattent, c'est-à-dire l'abaissement des caractères, l'effacement des individualités, la disparition des énergies viriles, le déclin des consciences, l'extinction des cœurs, la perte de l'esprit de sacrifice, tout cela se perpétuera, augmentera et aura pour conséquence logique dernière, l'anéantissement de la vie sociale en Europe, où ces nations revenant au Droit et à la Liberté, rentreront dans les voies des destinées progressives du genre humain.

C'est ce but que, dans la patrie de Kant, en 1867, l'illustre Jacoby qui, plus tard, devait protester contre l'annexion par voie de conquête de l'Alsace et de la Lorraine à l'Allemagne, attestait en ces termes grandioses : « Au point de vue des nationalités, le parti démocratique doit reconnaître le droit à la liberté et la disposition de soi-même (*Recht auf Freiheit und Selbstbestimmung*) qui appartient à chaque peuple et à chaque branche particulière d'un peuple. La libre union de toutes les branches du peuple allemand fondée sur l'égalité de droit, la libre confédération allemande est le premier but ; le second est la confédération de la paix et de la liberté des peuples Européens (*der Friedens und Freiheits Bund der Völker Europas*). Quiconque veut une sorte de prééminence ou d'hégémonie d'un peuple sur l'autre, d'une des branches d'un peuple sur l'autre, en d'autres termes, celui qui place la puissance et l'honneur imaginaire d'un peuple ou d'une branche d'un peuple, c'est-à-dire, ce qu'on nomme l'intérêt national, au-dessus des revendications du droit et de la liberté, que celui-là soit retranché du parti du peuple !

(*Lettre du docteur Johann Jacoby*, 28 *mai* 1868.)

un; il doit, au contraire, finir par perdre sa place dans les catégories scientifiques.

Aujourd'hui, la division du Droit international se compose de préceptes sur la paix et sur la guerre, de règlements d'étiquette, d'usages diplomatiques et de traités.

Les préceptes se trouvent exclusivement consignés dans les écrits des auteurs. De Grotius à Wheaton, à Blüntschli et à Calvo, ces préceptes ont été résumés en trois propositions principales :

En temps de paix,

Les nations doivent pratiquer la justice les unes envers les autres;

En temps de guerre,

Les belligérants ont le droit de se faire tout le mal qui est en rapport avec le but à atteindre (1);

Les neutres sont tenus d'observer la plus stricte impartialité.

Les règlements d'étiquette se rencontrent en originaux dans les archives des chancelleries. Débris curieux des plus vieilles traditions monarchiques, ils règlent :

La préséance entre les princes et entre les États ;

Le cérémonial de la réception des agents diplomatiques des divers ordres ;

La courtoisie que ces agents se doivent entre eux.

Les usages forment la matière essentielle de la science diplomatique. Ils se rapportent :

A la déclaration de guerre ;

Aux préliminaires de paix ;

A la tenue des congrès.

---

(1) Bynkershock et Wolf vont même jusqu'à soutenir *le large principe*, ainsi parle Wheaton (*Eléments du Droit international*, t. II, p. 4), que tout *ce qui est fait contre un ennemi commun est légitime*.

A l'époque de la guerre franco-allemande, le professeur Blüntschli donna à l'Allemagne une consultation qui ne démentait pas ce principe.

Comme les règlements d'étiquette, les traités existent en originaux dans les archives des chancelleries (1).

D'après cet inventaire, il est facile d'entrevoir ce qu'est actuellement le Droit international. Tantôt banal à force d'évidence, tantôt discrétionnaire et inique lorsqu'on le ramène à ses éléments essentiels, ce Droit, dans ses détails, est rempli de puérilités, de formalités, d'obliquités; il n'empêche pas les gouvernements de vivre en état de conspiration permanente les uns contre les autres et *de payer des hommes pour qu'ils tuent ou se fassent tuer, c'est-à-dire de les traiter comme de purs engins, ce qui ne s'accorde guère avec le droit de l'humanité qui réside en chaque personne* (2).

L'histoire des traités renferme la seule partie du Droit international qui présente un intérêt sérieux.

En voici, en quelques traits, les diverses phases.

Dans la moyenne Antiquité, dès que les nations ont remplacé les tribus, on voit s'élever un empire tour à tour Assyrien, Perse, Grec ou Romain. Cet empire est roi; cet empire est seul; il absorbe les autres.

Lorsqu'il en existe, les traités ont pour unique but de consacrer cette absorption.

Le Moyen-âge arrive, et le fait antique se transforme. Au lieu d'étouffer, comme les empires antiques, les nationalités existantes, l'empire carlovingien développe le germe des peuples nouveaux.

---

(1) Hugues Grotius, trad. par Barbeyrac, *Le Droit de la guerre et de la paix*. Amsterdam, 2 vol. in-4. — Henry Wheaton, *Eléments du droit international*. Leipzig, 1852, 2 vol. in-8.

Ajouter : Vattel, annoté par M. Pradier-Fodéré, Paris, 3 vol. in-8. — De Martens, éd. Ch. Vergé, *Précis du droit des gens modernes de l'Europe*. Paris, 2 vol. in-8.— Kluber, annoté par M. A Ott. Paris, 1 vol. in-8. — Bluntschli, trad. Lardy, *Le Droit international codifié*, 3e édit. 1881, in-8. — Calvo, *Le Droit international théorique et pratique*, 3e édit. 1881, 4 vol. in-8.

(2) Kant, *De la paix perpétuelle*.

Un prince bulgare répondit à un empereur grec qui lui proposait généreusement un combat singulier pour terminer leur différend sans verser le sang de leurs sujets : « Un forgeron qui a des tenailles ne retire pas avec ses mains le fer chaud du brasier. » (Kant, *ibid.*)

L'empire carlovingien écroulé, les nations européennes lui succèdent. Certains peuples perdront encore leur existence propre, mais la formule générale change : il y aura désormais un peuple prépondérant et des peuples subalternisés.

Les traités suivent une marche parallèle; leur âpreté s'atténue; le système des alliances, puis la politique d'équilibre empêchent que le vaincu ne tombe à la discrétion du vainqueur.

Le XVIIIe siècle et la Révolution française ouvrent en tout ordre l'ère du Droit : les peuples, comme les individus, sont libres, égaux et frères.

Les traités répètent l'immortelle devise.

Mais Bonaparte survient; cet homme funeste retourne de deux mille ans en arrière; il veut refaire l'antiquité.

Un seul Empire et le genre humain sous un seul joug!

Comme Bonaparte, les traités reculent de deux mille ans; l'absorption des peuples recommence.

Cependant, l'Europe se lasse; elle renverse le dernier empire antique et restaure, ou à peu près, la politique d'équilibre (1).

Cette brève esquisse peut être ramenée aux formules suivantes :

L'histoire du droit de l'individu et celle du droit des peuples ont suivi le même développement.

L'Antiquité ne soupçonne ni le droit de l'homme en face de l'homme, ni le droit d'un peuple en face d'un peuple; le Moyen-âge (2) arrive à entrevoir que le droit appartient

(1) Écrit avant la guerre franco-allemande.

(2) Le Moyen-âge ne se termine rationnellement qu'au XVIIIe siècle et à la Révolution française. L'histoire de l'homme, c'est-à-dire scientifiquement, l'histoire des progrès de l'idée du droit et de la liberté dans le monde, doit être divisée d'après l'idée qui en forme la trame. A ce point de vue, le seul exact, il n'y a eu jusqu'ici que deux périodes complètes dans l'histoire : ces deux périodes appartiennent à l'oppression; la troisième, qui est proprement celle du Droit, commence à peine.

à tout homme et qu'il appartient à tout peuple, mais il le soumet en même temps à une hiérarchie; enfin, les temps nouveaux promulguent le droit libre, le droit égal des individus et des peuples.

2° DROIT POLITIQUE OU PUBLIC.

Le Droit politique, appelé de préférence Droit public par la majorité des auteurs, est presque universellement défini : la *partie du droit qui règle les rapports des particuliers avec l'État.*

Cette définition suppose que l'État a une existence propre, en dehors des particuliers; elle provient d'une erreur accréditée depuis des siècles. Les Républiques de l'Antiquité l'ont adoptée pour fondement; le préjugé monarchique des temps modernes l'a accrue.

L'État n'est ni une personne, ni même un être; il est l'abstraction correspondant à un ensemble d'individus considérés comme membres de la même société, ou plutôt de la même cité.

Quoique l'État soit un pur concept, l'État représente donc un ensemble d'activités.

A ce nouveau point de vue, l'État se confond avec le pouvoir ou avec les pouvoirs, c'est-à-dire avec les diverses formes logiques de l'activité des citoyens.

Il existe trois pouvoirs : le législatif, l'exécutif et le judiciaire.

Ce que les publicistes, par une transposition d'idées, désignent d'ordinaire sous ce nom, n'est que la délégation de ces pouvoirs.

Le pouvoir donc ou les pouvoirs n'ont pas plus que l'État une existence propre; ils résident essentiellement dans chacun des citoyens.

Ainsi s'évanouit la fausse antithèse du Droit politique ou public et du Droit privé.

Tout Droit est essentiellement privé, en ce sens qu'il ne

peut avoir trait qu'aux rapports des particuliers entre eux, mais l'expression de Droit privé, si on la généralisait, aurait le tort de ne pas faire entendre que le Droit ne considère les individus qu'en société, ce qui implique l'idée de rapports complexes (1).

Dans la société, en effet, l'individu est membre de la cité et membre d'une famille. De là, deux séries de rapports qui ont ce point commun de constituer des rapports sociaux.

L'expression de Droit politique désigne très exactement l'ensemble de ces rapports.

Tout Droit, dans le sens vrai, est donc un Droit politique, car tout Droit tend à faire vivre les hommes les uns à côté des autres, en maintenant entre eux l'harmonie.

Quoi de plus simple, dès lors, que de fixer la terminologie et les divisions du Droit!

D'après la nature des rapports qu'il règle, le Droit politique se divise en :

1° Droit de cité ;

2° Droit de famille.

Le Droit de propriété, c'est-à-dire la liberté du travail ou de l'effort propre, fait partie du Droit de cité.

Dans l'état si imparfait de la science juridique, le Droit de propriété est placé sous la dénomination de Droit privé ou de Droit civil à côté du Droit de famille. C'est là, à nos yeux, une erreur capitale, et qui est due à la reproduction non raisonnée des idées romaines.

En Droit romain, il y a un lien intime entre l'organisation de la propriété et celle de la famille; la propriété romaine est une copropriété familiale.

Selon l'économie de la société actuelle, comme selon la notion exacte du Droit, la propriété revêt un caractère exclusivement individuel. Le Droit proclame qu'elle doit devenir,

---

(1) Nous verrons que la terminologie qui en restreint le sens présente le défaut non moins grand de ne pas caractériser la partie du Droit à laquelle cette expression est appliquée.

avant tout, pour chacun, le produit complet de son travail, et, quelque déviation que les faits contemporains impriment encore à cette loi, la propriété est, dès à présent, le fruit d'un effort plus ou moins honnête, mais qui, en général, est personnel.

Le Droit de propriété ne fait donc pas partie du Droit de famille; il est facile de voir qu'il se rattache, au contraire, au Droit de cité.

Pouvoir législatif, exécutif et judiciaire, le citoyen ne peut exercer son droit qu'autant qu'il est libre; or, la question de la propriété est, sous un certain point de vue, identique à celle de la liberté.

L'individu, qui n'obtient pas dans la distribution des produits toute la part afférente à son travail n'est pas, le plus souvent, à même de s'assurer une existence d'homme, et par conséquent de citoyen. En proie à la pauvreté et peut-être au dénûment, il est l'esclave de la faim, de l'ignorance, de tous les penchants de l'homme inculte.

Nous avions donc raison de qualifier de capitale cette erreur de classement, qui, comme toute la législation de la propriété, repose sur un anachronisme; finalement, le Droit de propriété doit donc être aussi restitué au Droit de cité.

Dans un sens strict et sous la réserve de ce qui vient d'être dit, la qualification de Droit politique peut être appliquée d'une manière spéciale au Droit de cité.

D'après cette nouvelle acception restreinte, le Droit politique devient l'expression des rapports nécessaires des citoyens entre eux.

Considéré comme citoyen, l'individu exerce son activité dans plusieurs groupes. Il est citoyen:

1° Dans l'État;

2° Dans les divisions et subdivisions de l'Etat, Départements ou Provinces et Communes (1).

(1) En France, il y a lieu de supprimer l'inutile circonscription de l'Arrondissement et d'élargir la Commune jusqu'aux dimensions du Canton.

De là, la décomposition des rapports auxquels s'applique le Droit politique ; ces rapports régissent :

1° L'État ;

2° Le Département ou la Province ;

3° La Commune,

Ils donnent lieu à deux questions :

Quelle doit être l'organisation de l'État, du Département ou de la Province et de la Commune.

Quelles doivent en être les attributions ?

La définition de l'État, qui est en même temps celle de ses divisions et de ses subdivisions, commande la solution de l'une et de l'autre.

L'État, le Département ou la Province, et la Commune, n'étant que des collectivités, sans personnalité et sans existence propre, n'ont pas de droits propres.

Le principe de tout droit comme de tout devoir est immanent dans l'individu.

De là résulte que, lorsque l'individu n'exerce pas son activité par lui-même, toute fonction dans l'État, dans le Département ou la Province, et dans la Commune n'existe qu'à titre de fonction déléguée.

La prémisse de la solution de nos deux questions est donc celle-ci : l'organisation de l'État, et les attributions du Département ou de la Province, et de la Commune, n'ont d'autre fondement scientifique possible que le droit inaliénable de l'Individu déléguant ou mandant.

La première condition scientifique de la constitution de l'État, du Département ou de la Province et de la Commune, doit par conséquent être la reconnaissance effective de ce droit.

Tout État dont l'organisation et les attributions contredisent cette idée primordiale, est en dehors du Droit politique ; il est la violation permanente du droit de l'individu.

La seconde condition scientifique de la constitution de l'État dérive du même principe que la première : l'individu déléguant ou mandant n'a lieu de déléguer ou de conférer mandat que dans la mesure nécessaire.

Le système représentatif n'est pas plus un principe que le droit propre de l'État ou du représentant ; le système représentatif n'est qu'un mécanisme politique ; or, un mécanisme n'est qu'un moyen.

Dans l'état actuel, le peuple même chez lequel ce mécanisme fonctionne de la manière la moins imparfaite, c'est-à-dire, les États-Unis d'Amérique, est loin de lui avoir donne toute la perfection dont il est dès à présent susceptible.

Le progrès de la constitution politique consiste à se rapprocher de plus en plus de son principe ; et, en tous rapports juridiques, ce principe, nous le répétons, est le droit de l'individu.

Plus donc l'individu exerce son droit par lui-même, plus l'instrument politique a acquis de perfection.

Les lois fondamentales du Droit politique sont maintenant faciles à déterminer :

Toute fonction dans l'État, le Département ou la Province et dans la Commune, constituant un exercice du droit du citoyen par un autre que par lui-même, doit être essentiellement temporaire, révocable, responsable.

Toute fonction dans l'État, dans le Département ou la Province et dans la Commune, ne doit être déléguée que tout autant que le citoyen n'est pas apte à exercer son droit par lui-même.

En conséquence, le seul État logiquement et légitimement constitué est celui où l'individu étant gouverné le moins possible, se gouverne le plus possible par lui-même.

En même temps, le seul État qui satisfasse à cette définition est l'État républicain fédératif (1).

---

(1) Ce système de Droit politique, qui correspond seul à ce que les Anglais appellent *Self-Government*, les Allemands *Selbst-Regierung*, et qui repose sur la formule seule complète de l'*autonomie de l'individu*, a pour principaux ancêtres Locke, Turgot, Condorcet, et surtout J. J. Rousseau lui-même, ce grand propagandiste de l'erreur du Droit social.

Sous l'influence de Locke, Rousseau a, le premier, conçu l'ensemble d'une doctrine du Droit politique (*Contrat social*).

Il est vrai qu'égaré par l'exemple de Genève et par ses lectures de

Résumons en quelques mots les phases principales de l'histoire du Droit politique.

La plus libre cité de l'antiquité, la cité athénienne, s'est fondée, comme toutes les autres, sur la base de l'esclavage, et n'a pu arriver jusqu'au premier principe du Droit politique.

Où la libre Athènes a échoué, la despotique Rome ne devait pas réussir.

Plutarque, il n'a pas su résoudre la question du principe de la souveraineté ; avec Aristote (*Politique*, tr. Barthélemy Saint-Hilaire, l. 1, ch. i, s. 11) et avec tous les démocrates antiques, il a fait de la volonté nationale le fondement du Droit et il a admis comme légitime un état politique où tous décident *sur ou même contre un seul* ; faute de décomposer la volonté nationale en ses éléments multiples et nécessaires, Rousseau n'a pas vu que le pouvoir n'est, en réalité, que le droit de l'individu sur lui-même et que la démocratie est le régime idéal où chacun serait maître de son action propre.

Par là, il a causé l'étrange inconséquence de Kant, qui regarde la République comme le seul gouvernement conforme au droit, et qui repousse la démocratie comme oppressive (*Doctrine du droit*, tr. Tissot, 2e part., 1re sect., et *De la paix perpétuelle*).

L'idée de l'*autonomie de l'individu*, le vrai principe de la démocratie nouvelle, exclut donc le faux principe antique de Rousseau et ruine en même temps tout un côté de sa doctrine ; mais si Rousseau a erré sur la base du Droit politique, il n'en a pas moins formulé mieux qu'aucun écrivain, avant et après lui, les trois conditions inhérentes à l'existence de la souveraineté :

1° La souveraineté est inaliénable, ce qui implique que le souverain ne peut promettre simplement d'obéir ;

2° La souveraineté est indivisible, ce qui exclut le *fantastique* principe de la séparation des pouvoirs ;

3° La souveraineté ne peut être représentée, ce qui a pour suite forcée que les députés du souverain ne sont que ses commissaires et ne peuvent rien conclure définitivement (*Contrat social*, l. II, chap. i, ii, et l. III, chap. xv).

Turgot et Condorcet, élargissant et creusant l'idée des économistes, ont trouvé le principe qui a manqué à Rousseau :

Le Droit est dans l'individu, et la société a pour but le libre jeu des activités individuelles.

Sous la Restauration, Charles Comte et Charles Dunoyer ont continué dans deux recueils périodiques successifs (*le Censeur* et le *Censeur européen*) la tradition directe de Turgot et de Condorcet.

Tout en restant enfermé dans un perpétuel dualisme, M. de Tocqueville a contribué pour une large part à populariser la doctrine du Droit politique nouveau.

En Allemagne, Guillaume de Humboldt en a ramené le principe à une formule devenue célèbre : « *le but essentiel de l'organisation sociale est le développement le plus vaste et le plus harmonique des facultés individuelles.* »

Au-dessus du droit propre du citoyen, il y a toujours, pour les nations antiques, le droit propre de la cité, se traduisant par l'irrésistible omnipotence de la loi.

L'esprit moderne invente la monarchie de droit divin.

Cette ingénieuse fiction, la seule, en effet, qui fût appropriée au but, persuade aux peuples qu'ils sont le patrimoine d'une famille.

Enfin, l'un des premiers publicistes de ce temps, M. John Stuart Mill, a exposé avec une remarquable largeur de vues la théorie du *Self-Government.*

Cependant il manque, en général, aux travaux de ce siècle, et à ceux même de M. John Stuart Mill, d'être suffisamment vivifiés par l'idée du droit.

A mesure que l'on a avancé, la doctrine s'est de plus en plus enfermée dans le point de vue utilitaire; elle s'est par là condamnée elle-même à ne voir souvent que l'un des aspects de ces rapports nécessaires qui sont la loi souveraine de l'homme et du monde.

C'est ainsi que M. John Stuart Mill, en déclarant que le gouvernement représentatif est l'idéal du gouvernement du peuple par lui-même (*Du Gouvernement représentatif*, tr. Dupont-White, chap. III), a présenté une affirmation que ses propres raisonnements combattent, qu'en repoussant la théorie du mandat législatif impératif, il est tombé en pleine contradiction avec ses prémisses, et que, sur la question fondamentale de l'organisation du pouvoir exécutif, il paraît rester scientifiquement indifférent à la suppression ou au maintien de l'intérêt dynastique.

Pour résumer cette grande thèse, nous ne saurions de nouveau mieux faire que de reproduire le passage suivant de l'écrit déjà cité du Dr Jacoby :

« Le but proposé à ces temps est la transformation de l'état politique et social actuel dans le sens de la liberté et de l'égalité de tout ce qui porte une figure humaine (*was Menschengesicht trægt*).

« Il en résulte que, dans l'ordre politique, il faut accomplir le gouvernement plein et absolu du peuple par lui-même (*volle, unbedingte Selbst-Regierung*).

« Le système représentatif qui existe aujourd'hui correspond aussi peu que la domination d'un seul au principe de l'égalité démocratique. Si l'activité politique du peuple se borne à choisir ses représentants, s'il ne peut leur imposer aucun mandat impératif, s'il ne peut les révoquer, s'il doit subir sans condition leurs résolutions et toutes les manifestations de leur volonté, le peuple, sous la tutelle de ses délégués, n'est pas moins esclave que sous le gouvernement absolu d'un unique tuteur.

« *Nihil de nobis sine nobis!* Le peuple doit prendre part à la décision de toutes les affaires publiques pour être le maître de sa propre destinée et pour être son propre maître. La conséquence logique est le suffrage universel direct, la participation universelle directe du peuple à la confection des lois, comme au gouvernement de l'État. »

(*Lettre du docteur Johann Jacoby.*)

Le XVIIIe siècle et la Révolution française rendent enfin possible la science du Droit politique.

Les hommes sont déclarés libres et égaux;

Toute fonction publique est déclarée n'être qu'un mandat.

Malheureusement le dogme de l'antiquité n'est pas détruit; le droit de la cité, le droit social reparaît çà et là dans les institutions et dans les lois, et corrompt l'idée de l'autonomie de l'individu. Erreur fatale qu'augmente encore la nécessité de s'unifier et de se centraliser pour vaincre!

L'homme du 18 brumaire s'empare de cette erreur; il construit sur elle son monstrueux despotisme.

Depuis le 18 brumaire, le Droit politique n'a vécu et ne s'est développé en France que dans les écrits de quelques publicistes.

Hormis la constitution du 4 novembre 1848, qui tomba dès l'origine entre les mains de ses adversaires, les constitutions, les chartes et les lois politiques de la France ne présentent durant les soixante-huit dernières années que le spectacle de toutes les confusions, de toutes les négations, et n'ont rien à démêler avec la science du Droit politique (1).

Aujourd'hui, les théoriciens de ce chaos sont plus ou moins d'accord pour le diviser sous le nom de Droit public en deux parties :

L'une serait le Droit constitutionnel;

L'autre, le Droit administratif.

La première comprendrait avant tout les règles relatives à la constitution des pouvoirs, c'est-à-dire des délégations.

Quant à la seconde, la seule notion générale que les

---

(1) Écrit sous le second Empire.

Pour l'arbitraire de ses dispositions, pour l'incohérence et finalement pour le défaut d'esprit scientifique et pratique de l'ensemble, la Constitution du 25 février 1875 a peu à envier aux constitutions monarchiques qui, depuis le commencement du siècle, l'ont précédée.

auteurs aient essayé d'en donner est qu'elle reçoit de la première *ses têtes de chapitres* (1).

Classé à part dans la codification actuelle, le Droit pénal, dans la science exacte, n'est qu'une section du Droit politique.

Il constitue, en effet, la sanction extrême du droit et de la liberté individuelle.

3° DROIT PRIVÉ OU CIVIL.

Nous ne maintenons ici les expressions de Droit privé et de Droit civil que pour ne pas troubler la terminologie généralement reçue.

Le Droit tout entier, comme nous l'avons dit, ne peut régler que les rapports entre les particuliers ou les individus ; la partie du Droit qu'on appelle Droit privé n'a, non plus qu'aucune autre, ce caractère exclusif.

D'après l'acception habituelle, le Droit privé, comme nous l'avons également dit, comprend le Droit de famille et le Droit de propriété.

Il est l'expression des rapports nécessaires qui régissent les individus en ce qui concerne la famille et la propriété.

On le désigne aussi sous le nom de Droit civil.

Empruntée à la langue du Droit romain, cette dénomination est aujourd'hui tout à fait inexacte.

Pour les Romains, le *jus civile* n'était qu'une des divisions du Droit privé, il formait le Droit privé propre aux citoyens, et faisait antithèse au *jus gentium*, Droit privé propre aux *peregrini*.

A l'origine, en effet, il fallait être citoyen pour obtenir à Rome le bénéfice de la participation au Droit de famille et au Droit de propriété.

Dans les législations actuelles, l'étranger, c'est-à-dire même le *barbarus* ou l'*hostis* de la loi romaine, est, en géné-

(1) M. Rossi.

ral, assimilé au citoyen, au point de vue de ces deux sortes de Droits.

Le terme de Droit civil est donc aujourd'hui employé à contre-sens, en tant qu'il rappelle l'antithèse du *civis* et du *barbarus* ou de l'*hostis*.

Il donne lieu, d'ailleurs, à deux autres critiques:

1° Comme le mot: *Droit privé*, il ne précise pas les rapports auxquels il s'applique;

2° Comme ce même mot, il ne sert qu'à confondre sous une dénomination commune des rapports d'ordre différent.

Il conviendrait, en définitive, de repousser de la terminologie juridique l'expression de Droit civil.

Cependant, tel est sur ce point l'empire de l'usage que, dans le commentaire qui va suivre, nous croyons devoir nous-même nous servir de cet *insigne faux-fuyant* (1).

Certains auteurs distinguent dans le Droit privé, sous le nom de *Droit international privé*, les règles du Droit de famille et du Droit de propriété qui concernent exclusivement les étrangers en France.

Ces règles sont de deux sortes: les unes consistent dans les dispositions de la loi étrangère que la loi française déclare inhérentes à la personne et qu'elle considère elle-même comme applicables aux étrangers en France (statuts personnels); les autres comprennent les dispositions de la loi française qui constituent en France le droit d'exception des étrangers.

Nous n'admettons pas, pour notre part, qu'il y ait là matière à une division spéciale.

A l'égard des dispositions de la loi étrangère qui doivent suivre l'étranger en France, la loi française se borne à poser un signe de distinction; il s'ensuit qu'il n'y a pas lieu de qualifier comme appartenant à la loi française les dispositions de la loi étrangère qui reçoivent ainsi une application en France.

(1) Un mot de Bentham!

A l'égard des dispositions de la loi française qui constituent le droit d'exception des étrangers en France, elles sont dès à présent en trop petit nombre pour mériter de former une division spéciale.

La codification actuelle consacre une autre division du Droit privé.

Elle distingue, sous le nom de Droit commercial, un droit de propriété spécial aux rapports commerciaux.

Cette nouvelle division n'a qu'une valeur entièrement contingente.

Le Droit de propriété s'est développé plus rapidement dans les matières dites commerciales que dans les matières ordinaires ; de là surtout, les règles particulières à la propriété commerciale.

Même dans les rapports commerciaux, la loi actuelle embarrasse l'équité et contrarie les besoins.

Le jour où la France reprendra fermement la tradition de la grande Révolution, elle remettra tous ses Codes au creuset ; ce jour-là, la liberté pénétrant dans tous les rapports juridiques ouvrira la carrière à la science.

La formule historique générale du Droit de famille et du Droit de propriété se rapporte à celles du Droit international et du Droit politique.

Nous commettrions un double emploi en cherchant en ce moment à la dégager ; nous n'aurons que de trop fréquentes occasions de la voir apparaître dans l'exégèse du Code Napoléon (1).

DOCTRINE.

La doctrine juridique devrait être l'idée générale qui relierait entre elles toutes les parties de la science du Droit, et qui rattacherait cette science elle-même à l'ensemble de la science sociale et de la connaissance humaine.

---

(1) Voy. notre Manuel de droit civil, notre étude sur *L'enfant né hors mariage*, p. 9 et suiv., et aussi notre ouvrage intitulé : *Le Mariage, son Passé, son Présent et son Avenir*, 1880.

La doctrine juridique actuelle n'est que l'interprétation des textes par les légistes.

Cette doctrine érige en dogme fondamental que la loi n'a jamais tort, tant qu'elle existe; de là sa double tendance à tourner constamment au panégyrique et à se garder de l'esprit critique.

JURISPRUDENCE.

Ce mot est pris dans deux sens.

D'après le premier, le moins fréquent, il est synonyme du mot *Droit.*

D'après le second, il désigne la manière habituelle dont un tribunal interprète la loi sur un point donné.

La jurisprudence est portée à s'attribuer le rôle du préteur romain; elle intervient souvent *juris civilis adjuvandi, corrigendi vel supplendi gratiâ.*

Cette intervention est contraire à la pensée de la codification actuelle; cependant il n'y aurait pas matière à plainte si, au lieu d'enchérir sur l'esprit rétrograde de la codification napoléonienne, elle en mettait à profit les obscurités et les incohérences pour y porter le progrès.

CHAPITRE II

NOTIONS HISTORIQUES.

Ces notions concernent :

1° Le Droit ancien, le Droit de la Révolution et le Droit napoléonien ;

2° Les auteurs du Code Napoléon.

Il nous a paru utile d'indiquer, à la suite des notions relatives à chaque époque, la Bibliographie qui s'y rapporte.

SECTION PREMIÈRE.

COUP D'ŒIL HISTORIQUE SUR LE DROIT ANCIEN, SUR LE DROIT DE LA RÉVOLUTION ET LE DROIT NAPOLÉONIEN.

L'histoire du Droit français se divise en trois périodes :

La première comprend le Droit ancien depuis le commencement des Rois de la première race jusqu'au 5 mai 1789 ;

La seconde est celle du Droit de la Révolution depuis le 5 mai 1789, jusqu'au 18 brumaire an VIII ;

La troisième se rapporte au Droit napoléonien et aux lois qui l'ont modifié depuis le 18 brumaire an VIII jusqu'au temps actuel.

Les auteurs présentent autrement ces deux dernières divisions.

Ils donnent à la seconde période le nom de Droit intermédiaire, et à la troisième celui de Droit nouveau.

De plus, ils n'assignent pour terme à cette même période que le 31 mars 1804, date de la promulgation du Code Napoléon.

Les dénominations de Droit intermédiaire et de Droit nouveau, la première, appliquée au Droit de la Révolution, et la seconde au Droit napoléonien, expriment la plus complète contre-vérité scientifique; à certains égards, le Droit napoléonien est plus vieux que l'ancien Droit français lui même, et si le Droit de la Révolution était plus homogène, c'est le seul qui mériterait le titre de Droit nouveau.

Quant au point de départ de la période napoléonienne, même en législation, ce n'est pas le 31 mars 1804, c'est le 18 Brumaire.

I. — Droit ancien.

Le Droit ancien provient de cinq sources :

1° *Du Droit celtique ;*

2° *Du Droit romain ;*

3° *Du Droit germanique ;*

4° *Du Droit ecclésiastique ou canonique ;*

5° *Des capitulaires, ordonnances, édits, déclarations et lettres patentes des rois, des décisions des États généraux et provinciaux et des arrêts des Parlements.*

On controverse encore aujourd'hui la question de savoir laquelle des trois premières sources (celtique, romaine et germanique) a le plus contribué à la formation du Droit ancien.

Chaque source a eu tour à tour ses partisans, et continue à compter quelques défenseurs (1).

Ce débat ne présente qu'un intérêt médiocre pour l'histoire du Droit ; nos institutions juridiques, centralisatrices et autoritaires sous toutes les formes, n'accusent que trop la prédominance de l'élément romain (2).

---

(1) Le comte de Boulainvilliers s'est prononcé pour les origines germaniques (*Histoire de l'ancien gouvernement de France*, la Haye, 1727, 3 vol. in-8) ; l'abbé Dubos a répliqué au nom des origines romaines (*Histoire critique de l'établissement de la monarchie française dans la Gaule*, Paris, 3 vol. in-4) ; Grosley a réclamé en faveur des origines celtiques (*Recherches pour servir à l'histoire du droit français*, Paris, 1752, 1 vol. in-8.

De nos jours, la controverse s'est renouvelée. MM Klimrath (*Études sur les Coutumes*, 1847, 1 vol. in-8, et *Travaux sur l'histoire du Droit français*, 1843, 2 vol. in-8) et Augustin Thierry (*Lettres sur l'histoire de France*, 1 vol. in-8) ont repris la thèse du comte de Boulainviliers : M. Guizot (*Essais sur l'histoire de France*, 1 vol. in-12, et *Histoire de la civilisation*, V. infrà, *Bibl.*), celle de l'abbé Dubos ; MM. Laferrière (*Histoire du droit civil de Rome et du droit français*, V. infrà. *Bibl.*), Chambellan (*Études sur l'histoire du droit français*, Paris, 1847, 1 vol, in-8), et Henri Martin (*Histoire de France*), celle de Grosley.

(2) Comparer M. Serrigny, *Institutions politiques, administratives et sociales de l'empire romain*, 1862, 2 vol. in-8.

On objecte qu'un grand nombre de dispositions du Code Napoléon ont été empruntées au droit coutumier.

Cette objection ne prouve rien, parce que le Droit coutumier lui-même a beaucoup emprunté au Droit romain et que souvent il ne l'a modifié que dans d'insignifiants détails.

Le Droit ecclésiastique ou canonique, composé surtout des décrétales des papes, ne pouvait que seconder l'essor de l'esprit romain (1).

La monarchie comprit immédiatement le parti qu'elle pouvait tirer de l'alliance, et elle s'empressa d'y entrer en tiers.

Dans le Droit ancien, l'idée de la liberté n'eut ainsi pour organes que les traditions celtiques et germaniques; les premières à peu près étouffées par la conquête romaine, les secondes altérées dès l'époque de l'invasion, et finalement pénétrées chaque jour davantage par l'esprit romain, canonique et monarchique.

Il faut néanmoins y ajouter l'influence des Parlements, locale et impuissante, et dans les provinces, appelées pays d'états, l'action des états provinciaux, limitée aux finances.

Seuls, les États généraux eussent été capables d'arrêter le débordement du pouvoir absolu; mais ils n'obtinrent jamais de l'ancien régime le rôle d'une institution régulière; la convocation de la nation resta l'extrême recours de la royauté aux abois. Celle-ci l'écarta, dès qu'elle se sentit assez forte pour s'en passer.

Le dernier mot appartint donc dans l'ancien Droit français à l'idée d'autorité.

Cependant les différences d'origine et de forme de la législation civile amenèrent la division des provinces en pays de Droit écrit et pays de Droit coutumier.

Les pays de Droit écrit comprenaient tout le Midi où le Droit romain avait survécu à la domination romaine.

Les pays de Droit coutumier étaient les provinces du Nord où les usages locaux avaient poussé de vigoureuses racines et fini par acquérir la force légale.

---

(1) Ce droit comprend :
1° Les décrétales des papes;
2° Une série de préceptes extraits de l'Ancien et du Nouveau Testament;
3° Un choix des opinions des Pères de l'Église;
4° Les décisions des Conciles.

D'ailleurs, même sur ce point, la division n'était pas absolue ; le Droit romain avait accès dans les pays de coutume, sous le nom de raison écrite, et la coutume, dans les pays de Droit écrit, comblait les lacunes du Droit romain.

C'est ainsi qu'à l'idée d'autorité, contredite cependant par quelques dispositions coutumières, vint se joindre la confusion des législations.

Trois cent soixante coutumes se partagèrent la France, les unes générales, c'est-a-dire applicables à toute une province, les autres, de beaucoup les plus nombreuses, ne régissant qu'un bailliage, une province ou une ville.

La rédaction officielle des Coutumes, commencée dès le règne de Charles VII et achevée sous Henri II, fixa les règles de cette foule de petites législations tyranniques, mais sans en changer en rien le caractère.

Aussi, en 1789, les réclamations étaient-elles unanimes ; le Tiers État de Paris pouvait se dire l'interprète de toute la France lorsqu'il prononçait l'irrévocable condamnation du Droit ancien dans les termes suivants :

Un assemblage informe de lois romaines et de coutumes barbares, de règlements et d'ordonnances sans rapport avec nos mœurs actuelles, comme sans unité de principes, conçus dans des temps d'ignorance, de troubles, pour des circonstances et un ordre de choses qui n'existent plus, ne peut former une législation digne d'une nation grande et éclairée (1).

---

(1) F. Grille, *Introduction aux Mémoires sur la Révolution française*, cahiers du tiers état de Paris.

Nous recommandons la fortifiante lecture des *Cahiers des états généraux* aux jeunes gens désireux de connaître l'esprit de la France et ce que pensaient nos pères en 1789.

BIBLIOGRAPHIE CHOISIE DU DROIT ANCIEN

I. — Histoire

OUVRAGES GÉNÉRAUX.

L'abbé Fleury, continué par Dupin, *Précis de l'histoire du droit français*. Paris, 1826, 1 vol. in-18.

Laferrière, *Histoire du droit civil de Rome et du droit français*. Paris, 1846 à 1858, 6 vol. — Cet ouvrage est resté inachevé; il se termine à l'époque de la rédaction des Coutumes (xvie siècle).

Paul Viollet, *Précis de l'histoire du droit français*, premier fascicule. Paris, 1884.

Gautier, *Histoire du droit français*, Paris, 1881, 1 vol. in-8.

Ginoulhiac, *Cours élémentaire d'histoire générale du droit français*. Paris, 1884, 1 vol. in-8.

OUVRAGES SPÉCIAUX.

Pasquier, *Recherches de la France*. Amsterdam, 1723, 2 vol. in-fol.

Lehuërou, *Histoire des institutions mérovingiennes et carlovingiennes* Paris, 1842 et 1843, 2 vol. in-8.

Laroche-Flavin, *Treize Livres des Parlements*. Paris, 1617, in-folio.

Rathery, *Histoire des états généraux*. Paris, 1845, 1 vol. in-8.

Picot, *Histoire des États généraux considérés au point de vue de leur influence sur le gouvernement de la France*. 1872 et suiv., 4 vol. in-4.

De Lavergne, *Histoire des Assemblées provinciales*. Paris, 1864, 1 vol. in-8.

Perreciot, *État des personnes et condition des terres dans les Gaules, dès les temps celtiques jusqu'à la rédaction des Coutumes*. Paris, 1854, 3 vol. in-8.

Guérard, *Polyptyque de l'abbé Irminon ou dénombrement des manses, des serfs et des revenus de l'abbaye de Saint-Germain-des-Prés sous le règne de Charlemagne*. Paris, Imprimerie royale, 1844 (1).

Nous conseillons encore aux élèves de doctorat les lectures suivantes :

De Savigny, trad. Guénoux. *Histoire du droit romain au moyen âge*. Paris, 1839, 2 vol. in-8.

Guizot, *Histoire de la civilisation en France, depuis la chute de l'empire romain jusqu'à la Révolution de 1789*. Paris, 1829 et 1830, 5 vol. in-8.

---

(1) Cet ouvrage appartient à la tradition des Mabillon, des Bernard de Montfaucon, des Vaissette; il peut dispenser d'une foule d'autres.

Les élèves qui veulent pousser plus avant peuvent aussi consulter avec un grand profit :

E. Laboulaye, *Histoire du droit de propriété foncière en Occident.* Paris, 1839, 1 vol. in-8.

E. Laboulaye, *Recherches sur la condition civile et politique des femmes depuis les Romains jusqu'à nos jours.* Paris, 1843, 1 vol. in-8.

II. — Recueils.

Législation.

E. Laboulaye, *Le grand coustumier de Charles VI.* Paris, 1868, 1 vol. in 8.

J. Bouteiller, *Somme rurale ou le Grand coutumier général,* annoté par Charondas le Caron. Paris, 1603, 1611, 1612, 1621, 1 vol. in-8.

Berroyer et de Laurière, *Bibliothèque des coutumes.* Paris, 1699, 1754, in-4.

Collection Isambert, *Recueil général des anciennes lois françaises, depuis l'an* 420 *jusqu'à la Révolution de* 1789. Paris, 1822 *à* 1830, 28 vol. in-8, et 1 vol. de table. Paris, 1833.

De Héricourt, *Les lois ecclésiastiques de France dans leur ordre naturel.* Paris, 1771, 1 vol. in-fol.

Jurisprudence.

Beugnot, *Les Olim ou Registres des arrêts rendus par les Cours du Roi.* 1840-1848, 4 *vol. in-4.*

Ordonnances des rois de France de la troisième race. 21 vol. in-fol.

Ouvrage commencé en 1723 et finissant avec le règne de Louis XII.

Brillon, *Dictionnaire des arrets ou Jurisprudence universelle des Parlements et autres tribunaux de France.* Paris, 1827, 6, vol. in-fol.

Denizart, *Collection de décisions nouvelles et de notions relatives à la jurisprudence.* Paris, 1775, 9e édit. 4 vol. in-4.

III. — Doctrine.

Nous ne mentionnerons que les principaux ouvrages généraux.

Ouvrages élémentaires.

Antoine Loisel, annoté par de Laurière, *Institutes coutumières,* édit. Dupin et Laboulaye. Paris, 1846, 2 vol. in-12.

Argou, *Institution au droit français,* augmentée par Boucher d'Argis. Paris, 1762, 1771, 1787, 2 vol. in-8.

Prévôt de la Jannès, *Principes de la jurisprudence française*, Paris, 1759, 1770, 1780, 2 vol. in-12.

OUVRAGES APPROFONDIS.

Dumoulin, *Œuvres complètes, Caroli Molinæi opera*. Paris. 5 vol. in-fol.

Charles Loyseau, *Œuvres complètes*, avec les remarques de Cl. Joly. Paris, 1666, 1678; Lyon, 1701, 1 vol. in-fol.

Pothier, annoté par Bugnet, *Œuvres complètes*. Paris, 1847 à 1850 10 vol. in-8 (1).

Ami de Pascal et dicip!e de Port-Royal, Domat est, dans l'ancienne France, le seul jurisconsulte qui ait tenté de faire œuvre scientifique; il est le seul qui ait conçu l'idée de la synthèse du Droit.

On doit classer à part le grand ouvrage de Domat.

Domat, édit. Remi, *Les lois civiles dans leur ordre naturel*. Paris, 1830, 4 vol. in-8.

II. — Droit de la Révolution.

Le Droit de la Révolution présente un caractère exceptionnel et merveilleux dans l'histoire du monde.

Pour la première fois, le législateur n'eut d'autre pensée que de trouver la formule du juste.

Sous l'inspiration de son XVIIIe siècle, la France entreprit de déclarer et d'accomplir le droit pour tous. Ce fut là une œuvre sans précédent et dont l'antiquité ni le Moyen âge n'avaient entrevu l'idée. Certes, le Droit de la Révolution ne marqua en rien le terme final;il subit la loi des destinées progressives de l'espèce, et, en même temps qu'il consacra des vérités, désormais impérissables, il n'échappa pas à l'erreur. Ce Droit se trompa en un point capital; il reprit en partie et exagéra à certains égards l'idée romaine et autoritaire.

Rousseau surtout fut son maître, Rousseau dont aucun écrivain n'a égalé le sentiment du droit, mais dont la science, imbue de l'antiquité, fit fausse route sur la prémisse, et se résume en ces deux propositions :

(1) V. sur Potier, l'Ange de l'école — un ange certes moins les ailes — notre *Manuel de Droit civil*, t. II, p. 15, note 2.

« *L'homme est né libre et partout il est dans les fers.* »

« *Quiconque refusera d'obéir à la volonté générale y sera contraint par tout le corps; ce qui ne signifie autre chose, sinon qu'on le forcera d'être libre* (1). »

Le Droit civil de la Révolution comporte deux jugements distincts; il eut pour la famille les larges conceptions de la liberté et il inscrivit au seuil l'unité du foyer par l'unité du cœur; il se heurta pour la propriété à l'écueil de la loi romaine. Cet écueil, il faut le dire, était inévitable.

L'obscure science de la propriété, si peu faite même de nos jours, n'existait alors qu'en germe: Locke avait posé le principe; Quesnay, Turgot, avaient vu, et le second avait montré comment ce principe, abandonné au libre jeu de l'activité humaine, devait saper la vieille inégalité d'origine; mais le puissant anathème dont Rousseau avait frappé la propriété (2) continuait à retentir, et la Révolution oscillante ne sut que se réfugier derrière les formules de la loi romaine.

Ce serait cependant rester au-dessous de la vérité que de s'en tenir à caractériser par ces quelques traits la grande législation civile de la Révolution. Cette législation posséda la véritable notion de l'unité législative.

L'unité législative rationnelle ne consiste pas plus que l'unité politique rationnelle à étouffer le développement local et à absorber les parties dans l'ensemble.

La diversité dans l'unité est la loi de l'ordre social, comme elle est celle de tout ordre.

La Révolution, qui décréta contre ses ennemis l'unité et

---

(1) J. J. Rousseau, *Contrat social*. (V. *supra*, p. XVI, note 1.)
Il est devenu de mode d'insulter à la gloire de l'homme qui demeure la personnification la plus complète du XVIIIe siècle; avec ses erreurs, en dépit de ses fautes, en dépit de ses chutes, Rousseau est assez grand pour défier tous les dénigrements et tous les outrages; nul esprit n'éleva plus haut l'idéal des destinées du genre humain; nul cœur ne fut plus rempli de l'amour des déshérités de toutes sortes; nulle conscience ne lutta plus ardemment pour le triomphe de la vérité.

(2) J. J. Rousseau, *Discours sur l'origine de l'inégalité parmi les hommes*.

l'indivisibilité de la République, s'en tint habituellement à poser des principes, dès qu'il s'agit de légiférer.

Elle inaugura l'unité législative, d'abord par une série de lois qui détruisirent l'ancien régime et jetèrent les premiers fondements du nouveau ; ensuite par une codification dont le plan et certaines parties constitueraient, même de nos jours, un immense progrès.

Les lois abolirent le régime féodal, instituèrent l'égalité civile, sécularisèrent le Droit, consacrèrent l'égalité sociale de l'enfant né dans le mariage et de l'enfant né hors mariage, transformèrent la puissance paternelle en une direction, relevant surtout de l'enseignement de la raison et des persuasions du cœur, renouvelèrent enfin les bases morales, politiques et économiques du système des successions.

La codification exige qu'on s'y arrête.

Obéissant comme à un mot d'ordre, les panégyristes du Code Napoléon ont tous tenu dans l'ombre les quatre projets de Code des lois civiles, rédigés sous la Révolution.

Cependant trois de ces projets au moins, ont une supériorité marquée sur le Code Napoléon ; le premier, c'est-à-dire le Code présenté le 9 août 1793 à la Convention, sans être, nous l'avons dit, une œuvre législative irréprochable, ne comporte pas de comparaison avec le recueil issu de brumaire.

C'est aussi l'usage de faire honneur des trois premiers projets à la seule personnalité de Cambacérès.

Cet honneur est étrange s'il a pour but de mettre en relief un des chefs de la pléiade qui, devant l'histoire, portera la responsabilité du Code Napoléon.

La vérité, toutefois, n'est pas dans ces termes absolus.

Le comité qui prépara le Code de la Convention se composait de membres tels que Guadet, Couthon, Vergniaud, Robespierre, Barère (1); il est certain que Cambacérès n'était pas l'homme qui pût absorber des individualités de cette impor-

---

(1) Voy. aux Archives *l'Almanach national de France, pour* l'année 1793.

tance, et si son aptitude juridique, son intimité d'alors avec Robespierre et son invariable intrigue le firent désigner comme rapporteur du Code de la Convention, il n'eut que sa part dans l'élaboration de ce Code.

Il n'en est pas moins curieux d'emprunter au rapporteur Cambacérès l'indication de l'esprit qui y présida :

« *Ce serait se livrer à un espoir chimérique*, disait le futur archichancelier, *que de concevoir le projet d'un Code qui préviendrait tous les cas.....* »

« *Que ce soit par le petit nombre des textes que nous arrivions à cette unité harmonique qui fait la force du corps social...* »

« *Des règles simples, faciles à saisir, plus faciles à exécuter, voilà quel est le résultat de nos veilles et le fruit de nos méditations.* »

On ne pouvait assurément se faire une idée plus exacte de la codification.

Cependant le projet fut repoussé comme trop compliqué, quoiqu'il ne contînt pas le tiers des dispositions que renferme le Code Napoléon.

BIBLIOGRAPHIE CHOISIE DU DROIT DE LA RÉVOLUTION

La bibliographie du Droit de la Révolution a à peine attiré l'attention des légistes; il est difficile d'imaginer jusqu'à quel point ils poussent tantôt l'oubli, tantôt l'ignorance des actes législatifs qui se rapportent à la seule période juridique de l'histoire de France.

Il y a là une mine presque entièrement inexplorée et à laquelle nulle autre n'est comparable.

Le *Moniteur* est tronqué ; les Recueils et les Répertoires ne fournissent que de sèches indications ; la meilleure source jusqu'aujourd'hui est sans contredit :

Buchez et Roux, *Histoire parlementaire de la Révolution française*, 40 vol. in-8.

Il faut ajouter :

F. Grille, *Introduction aux mémoires sur la Révolution française*, 1 vol. in-8.

On peut consulter aussi les recueils suivants :

J.-B. Sirey et Sanfourche-Laporte, *les Lois civiles intermédiaires*. Paris, 1809, 4 vol. in-8.

Lois et actes du gouvernement depuis le mois d'août 1789 *jusqu'au* 18 *prairial an II. Paris*, 1806-1807, 8 vol.

En somme, la collection des documents de l'histoire de la Révolution reste enfouie dans les Archives nationales ; la France, oubliée et ignorée d'elle-même, renoncera-t-elle indéfiniment à mettre en lumière les origines de l'ordre juridique nouveau (1) ?

III. — Droit napoléonien et lois qui l'ont suivi.

DROIT NAPOLÉONIEN.

La législation civile, sortie du coup d'État de brumaire, n'a pu répudier toutes les parties du Droit de la Révolution. Elle a procédé de deux manières à l'égard de ce Droit ; tantôt elle l'a rejeté, tantôt elle l'a faussé ; il est rare qu'elle l'ait maintenu ; plus rare encore qu'elle l'ait perfectionné.

Le principal caractère de la législation napoléonienne est sa profonde antipathie contre la liberté ; en ce point, elle

---

(1) Ce qu'il y aurait à entreprendre, ce serait la publication des *Annales parlementaires de la Révolution*.

Un écrivain d'un grand talent, un virtuose du style, M. Taine, est en train de raconter à sa façon l'histoire de la Révolution ; quel meilleur succès n'eût-il pas obtenu en se contentant de la faire revivre !

restaure, le plus qu'elle peut, les formules du Droit ancien, et ne se fait même pas faute, lorsqu'elle peut, de les exagérer.

Cette législation a pris le contre-pied du système indiqué par Cambacérès dans le rapport sur le Code de la Convention; elle écarte le principe, s'attache au cas particulier, se contredit nécessairement et tombe non moins nécessairement dans d'inextricables confusions.

L'esprit arbitraire et tyrannique, l'absence de doctrine, l'anarchie des idées sous une unité superficielle, voilà, pour le fond, les traits caractéristiques de la législation napoléonienne.

Nous traiterons successivement :

1° De l'histoire du Code Napoléon:

2° De la définition et de la description de ce Code.

HISTOIRE DU CODE NAPOLÉON.

L'histoire du Code Napoléon a pour point de départ un arrêté des Consuls du 24 thermidor an VIII. Cet arrêté nommait une commission chargée de rédiger un avant-projet de Code civil.

Les membres de la commission, au nombre de quatre étaient MM. Tronchet, président du Tribunal de cassation, Portalis, commissaire du Gouvernement près du Conseil des Prises, Bigot de Préameneu, commissaire du Gouvernement près le Tribunal de cassation, et Maleville, juge au même tribunal.

L'avant-projet fut terminé en quatre mois; il était précédé d'un discours de Portalis.

Le Gouvernement consulaire, c'est-à-dire le premier Consul, ordonna qu'il fût imprimé et communiqué au Tribunal de cassation et à tous les tribunaux d'appel.

Un certain nombre d'observations s'ensuivirent; ces observations furent imprimées comme l'avant-projet.

Dès lors, commença l'élaboration du projet suivant les formes tracées par la nouvelle Constitution.

Cette Constitution était celle du 22 frimaire an VIII, promulguée au lendemain du coup d'État de brumaire (1).

Elle avait établi :

1° Un Consulat, composé de trois membres, élus pour dix ans.

En réalité, le premier Consul Bonaparte y absorbait ses collègues, Cambacérès et Lebrun ; c'était lui qui promulguait les lois, nommait les ministres, les membres du Conseil d'État, les juges, les officiers, etc.

2° Un Conseil d'État, composé de cinq sections (législation, intérieur, finances, guerre, marine), et se réunissant en assemblée générale, sur la convocation et sous la présidence du premier Consul.

Ce Conseil d'État était chargé de rédiger les projets de loi qui devaient ensuite être soumis au pouvoir législatif.

3° Un Tribunat ayant pour fonctions d'abord d'examiner la loi et de la discuter en assemblée générale, ensuite de la faire discuter devant le Corps législatif par trois de ses membres, contradictoirement avec trois membres du Conseil d'État, appelés orateurs du Gouvernement et désignés par le premier Consul.

4° Un Corps législatif, décrétant les lois après en avoir entendu la discussion par les orateurs du Tribunat et les orateurs du Gouvernement, mais sans avoir par lui-même le droit ni de les discuter, ni de les amender.

5° Un Sénat conservateur préposé à la garde de la Constitution.

Voici comment fonctionnait cette Constitution :

Le Gouvernement consulaire, c'est-à-dire le premier Consul, avait seul l'initiative de la loi.

---

(1) La constitution du 22 frimaire an VIII fut successivement complétée par le sénatus-consulte du 16 thermidor an X, organisant le Consulat à vie, et par le sénatus-consulte du 28 floréal an XII, établissant l'Empire. C'est uniquement aux textes qu'il faut demander une information exacte pour l'histoire juridique de cette époque.

Il en faisait porter la proposition au Conseil d'État; la section du conseil, dans les attributions de laquelle elle rentrait, l'élaborait et la rédigeait en articles.

Le projet retournait alors au premier Consul; si celui-ci entendait le maintenir, il le faisait discuter par le Conseil d'État réuni en assemblée générale.

Après cette discussion, qui avait lieu devant le premier Consul, le projet était porté au Corps législatif.

Les trois orateurs du Gouvernement, c'est-à-dire les trois conseillers d'État choisispar le premier Consul, le présentaient à cette nouvelle assemblée; le premier nommé en exposait les motifs.

Le Corps législatif, sans prendre aucune décision, communiquait le projet au Tribunat.

C'est à ce moment qu'avait lieu la discution dans le sein du Tribunat.

Ce Corps n'avait que le droit d'émettre un vœu pour ou contre.

Le vœu du Tribunat était porté au Corps législatif par trois tribuns, qui prenaient alors la parole contradictoirement avec les trois conseillers d'État, chargés de défendre le projet au nom du Gouvernement.

Le Corps législatif écoutait cette discussion sans y participer.

Lorsqu'elle était close, il devait ou accepter le projet sans l'amender, ou le rejeter.

S'il l'acceptait, la loi était décrétée; pourtant elle n'était pas encore parfaite.

Le Parlement ou le Gouvernement pouvait, pendant dix jours à compter du décret, déférer la loi comme inconstitutionnelle au Sénat conservateur.

Empressons-nous de dire qu'il n'y avait pas lieu pour le Gouvernement d'user de ce droit, et que le Tribunat apprit vite à ses dépens l'étendue de la liberté qu'on entendait lui accorder.

Ce n'était pas tout encore!

Lorsque le Sénat maintenait le décret du Corps législatif

(nous parlons bien entendu en théorie), la loi était parfaite; elle n'était pas obligatoire.

Pour qu'elle le devînt, il fallait que le premir Consul la promulguât, obligation qu'il devait accomplir au bout du délai de dix jours.

Ce chef-d'œuvre de constitution était dû à l'ex-abbé Sieyès.

Vrai chef-d'œuvre, en effet! Bonaparte et Sieyès s'étaient compris! C'est l'enfance de l'art de mettre les peuples sous le joug en leur persuadant qu'ils sont restés libres, mais c'en est le comble, à coup sûr, pour accomplir un tel dessein, d'imaginer un mécanisme aussi savant que celui de la constitution du 22 frimaire an VIII.

Ce mécanisme servit à faire le Code Napoléon, et pour le fond le produit ne fut pas inférieur à l'instrument.

Les choses n'allèrent pas cependant toutes seules.

Le Tribunat eut la naïveté de se prendre au sérieux et de se persuader qu'il lui était permis d'avoir une opinion propre.

Les trois premiers titres du Code Napoléon lui ayant été apportés, les tribuns Benjamin Constant, Ganilh, Andrieux, Marie-Joseph Chénier, Daunou, Laromiguière, J. B. Say, réclamèrent éloquemment contre plusieurs dispositions qui faisaient reculer la législation civile au delà même de l'ancien régime. Ils attaquèrent le système d'incapacités dans lequel le projet enveloppait l'étranger, à moins de réciprocité internationale, les difficultés et l'arbitraire de la naturalisation, dorénavant soustraite à la compétence du pouvoir législatif et rendue dépendante de l'exécutif; enfin le rétablissement de l'inhumaine institution de la mort civile (1).

(1) Se trompant de date d'une manière étrange, Marie-Joseph Chénier, disait : « On s'écrie : il nous faut un code civil. Oui, sans doute, la République française l'attend et l'obtiendra. Nous aurons un code civil, mais exempt des préjugés gothiques que la philosophie a renversés, mais fidèle aux principes que nos législateurs ont consacrés, mais digne de la République française, digne de la raison nationale et des lumières contemporaines. »

Le Tribunat se rendit à ces critiques, et le Corps législatif eut l'audace d'imiter le Tribunat; un titre fut rejeté, un autre allait subir le même sort... (1).

C'était à n'y pas croire!

Bonaparte courroucé retira le projet; le chef-d'œuvre de Sieyès était compromis; heureusement, l'*ingénieux* Cambacérès (2) était là; le légiste vint en aide au capitaine.

Au moyen d'un sénatus-consulte, qui tournait adroitement la Constitution, on élimina vingt membres du Tribunat et soixante membres du Corps législatif. (Sénatus-consulte du 22 ventôse an X (3).)

L'ordre rétabli, Bonaparte fit reprendre la discussion du projet, mais en même temps il introduisit dans la Constitution de l'ex-abbé Sieyès un changement de nature à prévenir le retour du scandale.

Il fut décidé, qu'avant d'être porté au Corps législatif, chaque titre serait communiqué officieusement par le Conseil d'État à la section du Tribunat que ce titre concernait.

Cette communication avait pour but de mettre le Conseil d'État et le Tribunat à même de s'entendre préalablement entre eux sur la rédaction définitive.

---

(1) Les auteurs de droit qui ont écrit sur l'historique du Code Napoléon ont tous omis d'insister sur cet épisode; il a pourtant son mérite, et, même en regard de Cambacérès et de Portalis, Benjamin Constant, Ganilh, Andrieux, Marie-Joseph Chénier, Laromiguière, J. B. Say, font encore assez bonne figure.

M. Thiers n'a pas accepté ce parti de prudente réserve; l'historien qui, l'occasion de Napoléon Ier, a constamment immolé la justice au succès, s'est laissé aller jusqu'à écrire qu'on ne trouve dans cette discussion que « *des critiques aussi vaines que ridicules, des absurdités* » (*Histoire du Consulat et de l'Empire*, t. III, p. 345 et suiv.). Ou M. Thiers n'a pas lu la discussion dont il rend compte (ce que nous pensons, pour notre part), ou il y a lieu, en retranchant le mot de la fin, qui dépasse la mesure, de retourner contre sa propre appréciation les paroles que nous venons de citer.

(2) M. Thiers dit aussi « le *fertile et sage* ». (*Histoire du Consulat et de l'Empire*, liv. XXVIII, t. VIII, p. 77.)

(3) Les principaux membres expulsés étaient Benjamin Constant, Ganilh, Andrieux, Marie-Joseph Chénier, Daunou, Ginguené, Laromiguière, J. B. Say, Stanislas de Girardin, Chauvelin. Ces membres portèrent ainsi la juste peine d'avoir consacré par leur adhésion le coup d'État du 18 brumaire.

L'entente réalisée, le Corps législatif devait être saisi.

Par respect pour la Constitution, on maintenait d'ailleurs la communication officielle faite par le Corps législatif au Tribunat (Arrêté du 18 germinal an X).

C'est ainsi que les trente-six lois, qui composent le Code Napoléon, furent successivement décrétées, puis promulguées le dixième jour, à compter de chaque décret.

La loi du 30 ventôse an XII (31 mars 1804) réunit ensuite l'ensemble sous le titre de *Code civil des Français.*

La loi du 30 ventôse se terminait par cette disposition :

A partir de la promulgation du Code, les lois romaines, les ordonnances, les coutumes générales ou locales, les statuts, les règlements, cesseront d'avoir force de loi dans les matières qui sont l'objet du Code.

On a conclu à *contrario* de ce texte que le Code Napoléon n'a pas abrogé l'ancien droit à l'égard des matières qu'il n'a pas lui-même réglementées; cependant cette question fait l'objet d'une controverse.

DÉFINITION ET DESCRIPTION DU CODE NAPOLÉON.

La définition du Code Napoléon est la détermination des matières que ce Code renferme.

Le mot code vient du droit romain.

Dès le temps de Constantin, deux Prudents, sans caractère officiel, Grégoire et Hermogène, firent chacun un Code.

Vinrent ensuite les Codes promulgués par Théodose II et par Justinien, et qui portent les noms de ces deux empereurs.

Du reste, en Droit romain, le mot code ne désignait qu'un Recueil composé de certaines lois, c'est-à-dire de constitutions impériales. Aujourd'hui, il a naturellement perdu ce sens propre, et il indique, en général, un recueil de lois.

Le Code Napoléon doit être défini : *le Code du Droit de famille et du Droit de propriété.*

Cette définition donne cependant lieu à une double remarque.

D'abord, comme nous le verrons, le Code Napoléon contient

certaines dispositions de Droit politique, *stricto sensu* (Droit constitutionnel et Droit administratif) ; tels sont les art. 1, 537-542.

Ensuite, il est loin de contenir tout le Droit de famille et tout le Droit de propriété.

En effet, d'une part, le Code de procédure civile réglemente la manière d'agir en justice pour faire valoir le Droit de famille et le Droit de propriété ; il est le Code de l'action organisée pour ces deux sortes de Droits.

D'autre part, le Code de commerce réglemente la propriété commerciale.

Le Code Napoléon est divisé en trois livres précédés d'un titre préliminaire.

Les livres se subdivisent en titres, les titres en chapitres, les chapitres en sections, certaines sections en paragraphes, les sections ou les paragraphes en articles.

Il y a dans le Code Napoléon 2281 articles.

Ce grand nombre de textes est un des vices fondamentaux de ce Recueil ; les praticiens les plus expérimentés finissent par en oublier les deux tiers, et ce n'est assurément ni les théoriciens, ni les philosophes, ni les économistes, qui vont chercher un enseignement dans l'ensemble.

Quant au classement des matières, il échappe *à priori* à toute exposition, comme à toute critique, et, dans cette introduction, nous ne pouvons faire autre chose que d'indiquer ce que chaque livre annonce.

Le livre premier porte pour rubrique : *Des Personnes* ; il est composé de 11 titres et de 509 articles (art. 7-515).

Le livre second porte pour rubrique : *Des biens et des différentes modifications de la propriété* ; il est composé de 4 titres et de 195 articles (art. 516-710).

Les rubriques de ces deux premiers livres sont empruntées au droit romain, et, au moins pour la seconde, c'est, comme on le verra, un assez triste emprunt.

Le livre troisième porte pour rubrique : *Des différentes manières d'acquérir la propriété* ; il est composé de 408 titres, de 7 articles de dispositions générales précédant le premier titre, et en totalité de 1571 articles (art. 711-2282).

La rubrique de ce livre semble être un parti pris de braver la méthode.

Pour se rendre compte de ce que contient chaque livre, il faut donc, en définitive, attendre de l'avoir étudié (1).

LOIS NOUVELLES.

Un assez grand nombre de lois ont modifié le Code Napoléon.

Les plus importantes sont par ordre chronologique :

1° La loi du 3 septembre 1807 qui a limité le taux de l'intérêt à 5 p. 100 en matière civile, à 6 p. 100 en matière commerciale.

2° La loi du 8 mai 1816, abolitive du divorce.

3° La loi du 14 juillet 1819 dite abolitive des droits d'aubaine et de détraction (art. 11, 726 et 912 C. N.).

4° La loi du 30 juin 1838 sur les aliénés.

5° Les lois du 29 avril 1845 sur les irrigations et du 11 juillet 1847 sur le droit d'appui en matière d'irrigation.

---

(1) Quelque déshabitués des choses de la conscience et des hautes spéculations de l'esprit, quelque vulgaires qu'aient été les auteurs du Code Napoléon, cette circonstance est insuffisante pour expliquer à elle seule les défectuosités en tous genres qu'ils ont accumulées dans leur œuvre. La Révolution leur avait laissé le plus magnifique ensemble de documents qui aient jamais été à la disposition d'un législateur, et, par un hasard exceptionnel, un Code qui, malgré ses imperfections dans le Droit de propriété, avait atteint un rare niveau législatif.

Assurément, il n'y a nul lieu de s'étonner que la cohorte consulaire dont Cambacérès était la tête, reniât les idées de la Révolution ; ce qui paraît incompréhensible, c'est qu'elle *ait poussé l'incurie jusqu'au* degré qu'attestent l'absence de tout plan et la rédaction constamment vicieuse du Code Napoléon, tandis qu'elle avait sous les yeux l'ordre, en général, excellent, et le style *admirablement précis et ferme* du Code de la Convention.

La cause en est simple pourtant : gens comblés et blasés, uniquement attentifs à ne pas déplaire, les rédacteurs du Code Napoléon étaient convaincus que l'on conduit les peuples avec des mots, que le grand art est de les prendre aux apparences et qu'une parole, dite de haut, suffit pour faire des fétiches.

Que leur importait leur propre œuvre!

6° Le décret du 25 avril 1848 sur la perte de la qualité de Français par suite de trafic et de possession d'esclaves en pays étranger, modifié par la loi du 28 mai 1858.

7° La loi du 11 juillet 1850 relative à la publicité du contrat de mariage.

8° La loi des 15-22 novembre et 6 décembre 1850, sur le désaveu de paternité en cas de séparation de corps.

9° La loi du 7 février 1851 sur les individus nés en France d'étrangers qui, eux-mêmes, y sont nés, et les enfants des étrangers naturalisés.

10° La loi du 31 mai 1854, abolitive de la mort civile.

11° La loi du 10 juin 1854 sur le libre écoulement des eaux provenant du drainage.

12° La loi du 23 mars 1855 sur la publicité de la transmission des droits réels.

13° La loi du 21 mai 1858 sur la saisie immobilière et sur les ordres.

14° La loi du 29 juin 1867 sur la naturalisation.

15° La loi du 22 juillet 1867, abolitive de la contrainte par corps.

16° La loi du 15 juin 1872 relative aux titres au porteur.

17° La loi du 10 décembre 1874 qui rend les navires susceptibles d'hypothèques.

18° La loi des 27-28 février 1880 sur l'aliénation des biens des mineurs.

19° La loi du 19 juillet 1884 rétablissant le divorce.

Du reste, l'ensemble des lois nouvelles n'altère pas la physionomie essentielle de la législation napoléonienne.

BIBLIOGRAPHIE CHOISIE DU DROIT ACTUEL

SE RAPPORTANT EN GÉNÉRAL AU DROIT NAPOLÉONIEN.

La Bibliographie du Droit napoléonien est tellement encombrée qu'un volume ne suffirait pas à énoncer les titres de tous les ouvrages auxquels ce Droit a donné lieu; abondance presque entièrement stérile, et qui, au point de vue bibliographique, doit être contenue dans de strictes limites.

On remarquera cependant la lacune que présente la division du Droit politique, *sensu stricto*.

Cette lacune s'explique.

De quelque intrépidité qu'aient été doués les nombreux auteurs qui ont essayé d'élever à la hauteur de théories scientifiques les dispositions des différents Codes issus du 18 brumaire, cette intrépidité n'a pas osé s'attaquer aux deux Constitutions impériales, et c'est à peine si les Chartes bâtardes de 1814 et de 1830 ont obtenu un meilleur succès doctrinal (1).

Nous retranchons d'ailleurs absolument les monographies de notre nomenclature actuelle, en nous réservant d'indiquer, à l'occasion de chaque matière, dans notre manuel de Droit civil celles qui présentent de l'intérêt.

I. — DROIT POLITIQUE, SUBDIVISÉ PAR LA DOCTRINE ACTUELLE EN DROIT CONSTITUTIONNEL ET DROIT ADMINISTRATIF.

DROIT CONSTITUTIONNEL

Les ouvrages de Droit constitutionnel font absolument défaut, comme nous l'avons dit, pour la Constitution du 22 frimaire an VIII, et pour celle du 4 janvier 1852. En ce

(1) La constitution républicaine de 1875 a donné lieu à deux commentaires, l'un de MM. Bard et Robiquet, qui n'est pas sans valeur, l'autre empreint de l'esprit le plus réactionnaire, par M. Faustin-Hélie fils.
V. aussi le *Manuel de Droit constitutionnel* de M. Saint-Girons.

qui concerne les Chartes de 1814 et de 1830, il y a lieu de mentionner :

Benjamin Constant, annoté par E. Laboulaye, *Cours de politique constitutionnelle.* Paris, 2 vol. in-8.

Rossi, *Cours de droit constitutionnel*, recueilli par Porée, précédé d'une introduction par Boncompagni, 2e édit. Paris, 1877, 4 vol. in-8.

DROIT ADMINISTRATIF.

Macarel, revu par Boulatignier, *Cours de droit administratif.* Paris, 4 vol. in-8.

Batbie, *Traité de droit administratif.* Paris, 1861-1868, 7 vol, in-8.

— *Précis du cours de droit public et administratif*, 4e édit., avec supplément. Paris, 1881, 1 vol. in-8.

Ducrocq, *Cours de droit administratif*, 6e édit. Paris, 1881, 2 vol. in-8.

Cabantous, *Répétitions écrites sur le droit administratif.* 6e édit. revue par Liégeois. Paris, 1 vol. in-8.

Trolley, *Traité de la hiérarchie administrative.* Paris, 5 vol. in-8.

Vivien, *Études administratives*, 3e édit. Paris, 2 vol. in-18.

Dufour, *Traité général de droit administratif appliqué*, 3e édit. Paris, 1869-1870, 8 vol. in-8.

Serrigny, *Contentieux administratif*, 2e édit. Paris, 1865, 3 vol. in-8.

II. — DROIT CIVIL

DROIT CIVIL PROPREMENT DIT.

Locré, *Esprit du Code Napoléon ou Conférence historique, analytique et raisonnée du Code civil, des observations des tribunaux, des procès-verbaux du conseil d'État, des observations du Tribunat, des exposés des motifs, des rapports et discours.* Paris, 1805 et suiv., 5 vol. in-4, et 6 vol. in-8; 2e édit. Paris, 1807 à 1814, 7 vol. in-8.

Cet ouvrage est resté inachevé; il ne comprend que le premier livre du Code Napoléon.

Fenet, *Recueil complet des travaux préparatoires ou motifs du Code civil.* Paris, 1836, 15 vol. in-8.

Jacques de Maleville, *Analyse raisonnée de la discussion du Code civil au Conseil d'État.* Paris, 1821, 4 vol. in-8.

Delvincourt, *Cours de Code civil*, 5e édit. Paris, 1834, 3 vol. in-4.

Toullier, annoté par Duvergier, *le Droit civil français suivant l'ordre du droit civil*, ouvrage dans lequel on a tâché de réunir la théorie à la pratique, 6e édit Paris, 1846-1848, 7 tomes en 14 vol. in-8.

Duvergier, continuation de la 5e édit. du *Droit civil*, par Toullier. 1830-1839, 6 vol. in-8.

Troplong, *le Droit civil expliqué suivant l'ordre des articles du Code*, (ouvrage qui fait suite à celui de Toullier). Paris, 1843-1864, 27 vol. in-8.

Nous ne mentionnons cet ouvrage dans notre Bibliographie choisie qu'à cause du crédit dont il jouit auprès des Tribunaux. En laissant de côté le point de vue philosophique et le point de vue politique de l'auteur, le second qui s'est, d'ailleurs, transformé selon les événements, nous devons prévenir les élèves qu'ils ne trouveront dans les commentaires de M. Troplong aucune trace d'une doctrine juridique.

Duranton, *Cours de droit français, suivant le Code civil.* Paris, 1844, 4e édit., 22 vol. in-8.

Demante, *Programme du cours de droit civil français, fait à la Faculté de Droit de Paris*, 5e édit. 1840, 3 vol. in-8.

Demante, continué par Colmet de Santerre, *Cours analytique de Code civil.* Paris, 1855-1881, 9 vol. in-8.

Proudhon, annoté par Valette, *Cours de droit français sur l'état des personnes.* Paris, 1859, 4e édit., 2 vol. in-8.

Valette, *Cours de Code civil professé à la Faculté de Droit de Paris.* T. Ier, 1872, in-18.

Taulier, *Théorie raisonnée du Code civil.* Grenoble, 1840 à 1848, 7 vol. in-8.

Zachariæ, refondu par Aubry et Rau, *Cours de droit civil français*, 4e édit. Paris, 1858-1865, 8 vol. in-8.

Zachariæ, traduit par MM. Massé et Vergé. Paris, 1854-1858, 5 vol. in-8. C'est l'ouvrage original de Zachariæ, mais rétabli dans l'ordre du Code Napoléon.

Demolombe, *Cours de Code Napoléon.* Paris, à partir de 1845.

Cette publication en est à son 31e vol

Ducaurroy, Bonnier et Roustain, *Commentaire théorique et pratique du Code civil.* Paris, 1848 et 1851, 2 vol. in-8.

Cet ouvrage est resté inachevé.

Marcadé et Paul Pont. *Explication théorique et pratique du Code Napoléon.* Paris, 1859, 11 vol. in-8.

Boileux, *Commentaire sur le Code civil*, précédé d'un Précis de l'histoire du droit civil, par Poncelet, 6e édition, Paris, 1866. 7 vol. in-8.

Mourlon, revu par Demangeat, *Répétitions écrites sur le Code Napoléon.* Paris, 11e édit., 3 vol. in-8.

Laurent (F.), *Principes de droit civil français*, 3e édit. 1869-1878. 33 vol. in-8.

Emile Acollas, *Manuel de droit civil*, commentaire philosophique et critique du Code Napoléon, contenant l'exposé complet des systèmes juridiques. Paris. 2e édit., 1874-1877, 3 vol. in-4, plus table analytique, 1 demi-vol. (1).

Sigismond Lacroix, *Memento de droit civil*, 2e édit. 1881, 3 vol in-18.

PROCÉDURE CIVILE.

Boncenne et Bourbeau, *Théorie de la procédure civile*, 2e édit., 1837-1863. 7 vol. in-8.

Rauter, *Code de procédure civile*. 1834. 1 vol. in-8.

Boitard, annoté par Colmet-d'Aage, 13e édit. Paris, 1879, 2 vol. in-8.

Bonnier, *Éléments de procédure civile.* Paris, 1853, 1 vol. in-8.

Bioche, *Dictionnaire de procédure civile et commerciale*, 5e édit. Paris, 1866-1867, 6 vol. in-8.

Glasson. *Les sources de la procédure civile française*, 1882. 1 vol. in-8.

Garsonnet. *Cours de procédure*, 1881-1883. 2 vol, in-8.

ORGANISATION JUDICIAIRE.

Bonnier, *Éléments d'organisation judiciaire.* Paris, 1853, 1 vol. in-8.

---

(1) L'Introduction du Manuel de droit civil a été récemment publiée à part avec certaines additions sous le titre de : ***Introduction à l'étude du Droit.*** Paris, 1885, 1 demi-vol. in-8.

Les élèves consulteront aussi avec fruit :

Meyer, *Esprit, origine et progrès des institutions judiciaires des principaux pays de l'Europe.* Paris, 1823, 5 vol. in-8.

Rey, *Des institutions judiciaires en Angleterre comparées avec celles de la France.* Paris, 1836, 2 vol. in-8.

DROIT PÉNAL ET INSTRUCTION CRIMINELLE.

Rossi, revu par Faustin-Hélie, *Traité de droit pénal.* Paris, 1872, 4e édit., 2 vol. in-8.

Bérenger (de la Drôme), *De la répression pénale, de ses formes, de ses effets.* Paris, 1855, 2 vol. in-8.

Ch. Lucas, *De la réforme des prisons.* Paris, 1836-1868, 3 vol. in-8.

Moreau (Christophe), *De l'état actuel des prisons en France, considéré dans ses rapports avec la théorie pénale du Code.* Paris, 1837, 1 vol. in-8.

Bonneville de Marsangy, *De l'amélioration de la loi criminelle.* Paris, 1855-1864, 2 vol. in-8.

Ortolan, *Éléments de droit pénal.* Paris, 1875, 4e édit., 2 vol. in-8.

Chauveau et Faustin-Hélie, *Théorie du Code pénal,* 5e édit. Paris, 1873, 6 vol. in-8.

Faustin-Hélie, *Théorie du Code d'instruction criminelle.* 2e édit. Paris, 1866-1868, 8 vol. in-8.

Boitard, annoté par Faustin-Hélie, *Leçons sur les Codes d'instruction criminelle et pénal,* 13e édit. Paris, 1879, 1 vol. in-8.

Bertauld, *Cours de Code pénal et Leçons de législation criminelle,* 4e édit. Paris, 1873, 1 vol. in-8.

A. Morin, *Répertoire général et raisonné du droit criminel.* Paris, 1851, 2 vol. gr. in-8.

Carrara, trad. p. Baret, *Programme du cours de droit criminel fait à l'Université de Pise.* 1876, 1 vol. in-8.

Lainé, *Traité élémentaire de droit criminel,* in-8.

Garrand, *Précis de droit criminel.* 1881, in-8.

DROIT COMMERCIAL.

Pardessus, revu par E. de Rozière, *Cours de droit commercial.* 6e édit. Paris, 1856-1857, 4 vol. in-8.

Bédarride, *Commentaire du Code de commerce.* Paris, 1854-1882, 37 vol. in-8.

Bravard, annoté par Demangeat, *Traité complet du droit commercial.* Paris, 6 vol. in-8.

Delamarre et Le Poitvin, *Traité du contrat de commission.* 2e édit. Paris, 1861-1863, 6 vol. in-8.

Sous le titre d'un traité spécial, cet ouvrage embrasse la plus grande partie du droit commercial.

Massé, *Le droit commercial dans ses rapports avec le droit des gens et avec le droit civil.* 3e édit. Paris 1874, 4 vol. in-8.

Goujet et Merger, *Dictionnaire de droit commercial.* Paris, 1877-1881, 3e édit., revu par Ruben de Couder, 6 vol. in-8.

Lyon-Caen et Renault, *Précis de droit commercial,* in-8.

Boistel, *Précis de droit commercial,* 2e édit. Paris. 1878, 2 vol. in-8.

REVUES DE DROIT.

Il a paru, à diverses époques, plusieurs Revues de Droit les principales sont :

La Thémis, par Blondeau, Demante, Ducaurroy, Warnkœnig. Paris, 1820-1829, 10 vol. in-8.

La revue de législation et de jurisprudence, publiée sous la direction de M. Wolowski. Paris, 1834-1853, 47 vol. in-8.

La revue critique, d'abord publiée à part, puis ayant fait suite à la précédente. Paris, 1837-1870, 33 vol. in-8.

Cette revue subsiste.

La Revue étrangère et française de législation, de jurisprudence et d'économie politique, publiée sous la direction de MM. Fœlix, Duvergier, Valette, Laferrière et Bonnier. Paris, 1834-1843, 10 vol. in-8.

La Revue de droit français et étranger, publiée sous la direction de MM. Fœlix, Bergson, Duvergier, Valette, Laferrière et Bonnier. Paris, 1844 à 1850, 6 vol. in 8, forme la suite de la précédente; le 7e vol. est resté inachevé.

La Revue pratique, sous la direction de MM. Mourlon, Demangeat, Emile Olivier, Ch. Ballot. Paris, 1856-1883, 52 vol. in-8.

La Revue historique de droit français et étranger, par MM. Laboulaye, Dareste, E. de Rozière, Ginouilhac. 1855-1869, 15 vol. in-8.

Elle a été continuée sous le titre de *Nouvelle revue historique*, à partir de 1871.

Tables analytiques des cinq premières Revues, éditées par Cotillon. Paris, 1 vol. in-8.

Parmi ces Revues, les unes sont mortes, les autres mourantes, quelques-unes n'ont jamais vécu. Il est peu probable qu'il s'en fonde de nouvelles. Décidément, les vues spéculatives sur le Droit napoléonien sont épuisées, et la casuistique commence à lasser même les hommes de profession.

En revanche, les Recueils d'arrêts et les Répertoires sont extrêmement florissants.

RECUEILS PÉRIODIQUES D'ARRÊTS

Bulletin des arrêts de la Cour de cassation rendus en matière civile et en matière criminelle depuis l'an VII, 1798-1868, 149 vol.

Table analytique des précédents Bulletins (partie civile), 1798-1856. par E. Duchesne, 1857, 5 vol. in-8.

Journal du Palais. La collection de ce Journal renferme les arrêts à partir de 1791.

J. B. Sirey, continué par Devilleneuve et Carrette, *Recueil général de lois et arrêts*.

Ce Recueil, comme le précédent, contient les arrêts à partir de 1791.

Dalloz, *Recueil périodique de législation, de doctrine et de jurisprudence*, faisant suite au Répertoire du même auteur.

RÉPERTOIRES

Merlin, *Répertoire universel et raisonné de jurisprudence.* 3e édit. Paris, 1827-1828, 18 vol. in-8.

Du même, *Questions de droit,* 4e édit. Paris, 1827-1830, 8 vol. in-4.

Favard de Langlade, *Répertoire de la nouvelle loi civile, commerciale et administrative.* Paris, 1823-1824, 5 vol. in-4.

Dalloz, *Répertoire méthodique et alphabétique de législation, de doctrine et de jurisprudence,* nouvelle édit., refondue jusqu'en 1844. Paris, 44 vol. in-4.

Sebire et Carteret, *Encyclopédie du Droit,* 20 livr. gr. in-8.

Cet ouvrage est resté inachevé.

CODES NAPOLÉONIENS

Tripier, *Les Codes français,* publiés en format grand in-8 et en in-32.

H. F. Rivière, avec le concours de Faustin-Hélie et de Paul Pont, *Codes français,* aussi en grand format in-8 et in-32.

COLLECTIONS GÉNÉRALES DES LOIS PROMULGUÉES DEPUIS 1789.

Bulletin des Lois, collection officielle.

Le *Bulletin des Lois* comprend onze séries correspondant aux onze gouvernements qui se sont succédé depuis le 22 prairial an II, date de sa fondation.

Desenne, *Lois et actes du gouvernement,* publiés depuis l'ouverture des états généraux jusqu'au 8 juillet 1815, classés par ordre de matières et annotés des arrêts et décisions de la Cour de cassation. Paris, 1818-1826, 22 vol. in-8.

Rondonneau, *Collection générale des lois, décrets, sénatus-consultes, avis du Conseil d'État, etc.* , depuis 1789 jusqu'au 1er avril 1814. Paris, 1817-1819, 12 vol. in-8.

Galisset, *Corps de droit français ou Recueil des lois, décrets, etc.* depuis 1789 jusqu'au mois de mai 1828 inclusivement. Paris 1825-1830, 87 livraisons formant 4 vol. in-8,

J. B. Duvergier, *Collection complète des lois, décrets, ordonnances, règlements, avis du Conseil d'État,*, depuis 1788-1830 inclusivement, par ordre chronologique, Paris, 1825-1883, 85 vol. in-8, y compris la Table jusqu'à 1830.

Cet ouvrage se continue depuis 1830.

Lepec, *Bulletin annoté des lois, décrets,* etc., promulgués depuis le mois de juin 1789 jusqu'au mois d'août 1830, Paris, 1834 et suiv., 18 vol. in-8; suivi d'une table analytique en 4 vol. in-8.

SECTION II

LES AUTEURS DU CODE NAPOLÉON (1)

« *Facta ipsa laudant.* »

CAMBACÉRÈS (2)

Par l'influence qu'il exerça sur la rédaction du Code Napoléon, Cambacérès a droit à la première place parmi les auteurs de ce Code; il n'eût pu, sans déchoir, faire partie de la Commission qui en prépara l'avant-projet; mais il fut l'âme des discussions d'où sortit l'œuvre napoléonienne.

Comme tous les rédacteurs de ce Recueil, Cambacérès était né légiste; il appartenait, par ses ancêtres, à la noblesse de robe, et, avant d'entrer dans la vie politique, il exerça lui-même les fonctions judiciaires.

La vie politique de Cambacérès pourrait se résumer d'un seul mot : elle offrit l'exemple de toutes les petitesses, de tous les reniements, de toutes les turpitudes.

Il suffit d'en citer quelques épisodes.

Député à la Convention nationale, Cambacérès commence par contester à l'Assemblée le droit de juger Louis XVI; ce qui ne l'empêche pas de se prononcer ensuite pour l'affirmative sur la question : Louis est-il coupable?

Quant à son vote sur la peine, il le formule *avec une telle ambiguïté*, dit un biographe, qu'on ne sut s'il était d'avis d'appliquer la peine de mort ou la détention perpétuelle.

Le 31 mai et le 2 juin 1793, il vote la proscription des Girondins; après le 9 thermidor, il contribue de toutes ses forces à rappeler les débris de la Gironde.

En octobre de la même année, il donne l'ordre d'arrêter les défenseurs de la reine, et en janvier 1795 il s'oppose à la

---

(1) Les éléments de ces biographies ont été, en général, empruntés à la *Biographie* Michaud.

(2) Né à Montpellier en 1753, mort à Paris en 1824.

mise en liberté des enfants de Louis XVI, toujours détenus au Temple; cependant, vers la même époque, il noue une intrigue royaliste avec le comte d'Antraigues, agent de Louis XVIII.

Enfin le 11 août 1794, il demande le maintien du gouvernement révolutionnaire, « ce *Palladium* de la *République* ».

Au 18 brumaire, il reste en fonctions comme ministre de la justice, et, six semaines plus tard, il devient second Consul; les 7 et 9 avril 1814, il envoie son adhésion aux actes du Sénat qui rappellent les Bourbons.

Tel fut l'homme politique, tel devait être le jurisconsulte; et tel il fut en effet.

Pour s'en convaincre, on n'a qu'à comparer la doctrine juridique des rapports sur le premier projet du Code civil de la Convention (9 août 1793), et sur le décret relatif aux enfants nés hors mariage (*Moniteur* du 11 brumaire an II), vec les opinions que Cambacérès émit et qu'il fit prévaloir, lors de la rédaction du Code Napoléon.

Le 16 juin 1793, dans la discussion de l'acte additionnel, présenté par Hérault de Séchelles, Cambacérès avait repris l'idée de Duport, et demandé l'établissement du jury en matière civile. A l'époque du Consulat, ce fut lui qui fit rayer le jury du Projet d'organisation judiciaire.

Tant que dura l'Empire, Cambacérès, tout en rendant aux Bourbons de secrets services, fut à genoux devant Bonaparte; celui-ci, qui l'estimait à sa vraie valeur (1), mais qui jugeait ne pouvoir s'en passer, le combla d'une foule de dignités, de titres et de traitements.

En 1814, Louis XVIII lui offrit la première présidence de la Cour de cassation; Cambacérès la refusa, regardant ce

---

(1) « C'est un avocat général, disait publiquement Bonaparte au sujet de Cambacérès; il parle tantôt pour, tantôt contre. » (*Mémoires de Thibaudeau.*)

Dans l'intimité, Bonaparte lui pinçait l'oreille, et, connaissant sa pusillanimité :

« Mon pauvre Cambacérès, je n'y peux rien; votre affaire est claire; si jamais les Bourbons eviennent, vous serez pendu. » Cambacérès ne soufflait mot; il avai ses raisons.

titre comme trop au-dessous de ses précédentes fonctions.

Rallié de nouveau à l'Empire pendant les Cent-Jours, il fut proscrit comme régicide à la seconde Restauration.

Cependant une grâce royale, obtenue à force de supplications, lui permit de rentrer en France en 1818.

Ce *triste* vieillard y finit comme il avait vécu, s'illustrant par ses dîners, et affectant de voter ouvertement pour les candidats ministériels.

PORTALIS (1).

Après Cambacérès, Portalis est le plus considérable des auteurs du Code Napoléon; il ne lui est inférieur ni en scepticisme, ni en esprit de basse courtisanerie, et il l'égale en médiocrité.

Portalis naquit dans une famille de vieille bourgeoisie, et eut pour père un professeur de droit canonique à la Faculté d'Aix.

Il s'établit comme avocat au Parlement de sa ville natale; doué d'une parole aussi facile que ses principes, il dut à ce talent banal sa réputation d'éloquence.

Jusqu'à l'époque du 18 brumaire, sa vie politique consista dans ses menées contre-révolutionnaires, dans sa participation au complot du 18 fructidor; enfin, dans ses relations d'exil avec le royaliste Mallet du Pan.

Il était membre du Conseil des Anciens au moment du complot de fructidor; il n'hésita pas à trahir son mandat, et entra dans la conspiration.

La veille du 18 brumaire, il correspondait avec Louis XVIII; le lendemain, il s'empressa de se rallier à Bonaparte.

Portalis avait besoin d'une monarchie pour y mouvoir à l'aise sa vulgaire ambition.

Bonaparte le fit successivement : commissaire du Gouvernement près du Conseil des Prises; membre de la Commission

(1) Né au Beausset en 1746, mort à Paris en 1807, et enterré au Panthéon.

de rédaction du Code civil; conseiller d'État; directeur général des Cultes.

Comme membre de la Commission de rédaction du Code civil, Portalis exerça une influence prépondérante sur l'élaboration de l'avant-projet; aussi fut-il choisi pour écrire le discours préléminaire, sorte de phraséologie, dépourvue de toute originalité, qui suffirait à fournir la mesure de sa valeur philosophique et oratoire.

Comme Directeur général des Cultes, il prohiba le mariage des prêtres, en le déclarant *attentatoire à la morale et à la religion*; quatre ans auparavant, il avait écrit dans un Exposé des motifs et dans un Rapport que le mariage des prêtres ne trouble point l'ordre légal.

Lors de la présentation du Concordat, il dit tout haut qu'il *faut de la religion pour le peuple.*

Quelque temps après, il fit rédiger dans les bureaux ministériels le catéchisme approuvé par un légat, et adopté par tous les évêques, qui proclamait dogmatiquement Napoléon *envoyé de Dieu* et obligeait tous les Français à *l'aimer* (1).

Enfin, il proposa à Bonaparte (4 janvier 1806) de décréter que *l'épée d'Austerlitz serait déposée dans un temple, sous la garde d'un chapitre spécial, auquel on attacherait un hospice pour les vétérans ecclésiastiques. Les places auraient été données par le ministère de la guerre sur la présentation d'un maréchal de France ou d'un général de division. Le clergé devait, en outre, être chargé de prononcer, le jour anniversaire de la grande bataille, un discours, où il célébrerait la gloire des armées françaises, et le devoir imposé à chaque citoyen de consacrer sa vie à son prince et à sa patrie.* »

C'est sur ce dernier trait que mourut Portalis (2).

---

(1) Lanjuinais, *Constitutions de la nation française*. 1819, t. I.

(2) Portalis fut membre de l'Académie française. Son principal ouvrage, *De l'usage et de la valeur de l'esprit philosophique*, porte à chaque page l'empreinte de son irréparable médiocrité. Il y aurait une punition que, pour notre part, nous souhaiterions de pouvoir infliger à ceux qui louent le génie de Portalis, ce serait de les condamner à lire ses œuvres.

TRONCHET (1)

Tronchet n'a ni les dimensions d'un grand homme, ni celles d'un grand législateur; dans un temps où personne ne sut garder sa dignité, il eut cependant le mérite d'une sorte de supériorité relative.

Il était fils d'un procureur au Parlement de Paris et il parut d'abord au barreau; mais sa voix sans timbre et voilée lui rendant les succès oratoires impossibles, il se voua aux travaux du cabinet.

Il fut envoyé aux Etats généraux par la ville de Paris, et se prononça, dès le commencement de la Révolution, contre tous les changements qui pourraient ébranler l'ancienne monarchie.

C'est ainsi qu'il commença par s'opposer à ce que les députés du tiers état prissent la qualification d'Assemblée nationale, qu'il devint Président du Comité chargé de rédiger la Constitution monarchique de 1791, et qu'enfin, lors du procès de Louis XVI, il s'offrit à lui pour être son défenseur.

A partir de cette époque, Tronchet vécut dans sa retraite de Palaiseau; il n'en sortit que lorsque, sous le Directoire, les suffrages des électeurs du département de Seine-et-Oise l'appelèrent à siéger au Conseil des Anciens.

Dans cette Assemblée, Tronchet déploya ses connaissances en législation et prit notamment part aux lois relatives au régime hypothécaire.

Après le 18 brumaire, il eut la faiblesse, tout aussi coupable pour un royaliste que pour un républicain, d'accepter la place de premier Président de la Cour de cassation, et de se laisser pourvoir de la dotation de la riche sénatorerie d'Amiens.

On prétend cependant qu'il n'aimait pas Bonaparte, et qu'il ne cachait pas son éloignement pour lui.

---

(1) Né à Paris en 1726, mort à Paris en 1806 et enterré au Panthéon.

Tronchet fit partie de la Commission de rédaction du Code civil; il y représenta les principes coutumiers en face des principes romains personnifiés surtout par Portalis et Maleville; lors de la discussion, il eut pour fonction spéciale de faire l'éducation juridique de Bonaparte et de retoucher ses discours; aussi celui-ci déclarait-il que Tronchet était le *premier jurisconsulte de France* (1).

BIGOT DE PRÉAMENEU (2).

Le principal mérite de Bigot de Préameneu est d'avoir été la créature de Cambacérès.

Il exerçait la profession d'avocat au Parlement de Paris lorsqu'éclata la Révolution.

Son insignifiance n'empêcha pas que Paris ne le choisît pour un de ses députés aux Etats généraux; il y témoigna de la profondeur de ses vues politiques, en soutenant que le roi était, autant que l'Assemblée, le représentant de la nation.

Après le 10 août 1792, Bigot se tint caché à Rennes et ne reparut qu'au lendemain du 18 brumaire.

Il fut successivement nommé : commissaire du Gouvernement près la Cour de cassation; président de la section de législation au Conseil d'État; enfin, ministre des cultes.

Cambacérès aimait à raconter l'anecdocte peu piquante, mais suffisamment caractéristique, qui valut à son protégé cette dernière fonction. « Que voulez-vous que je fasse de Bigot, demanda un jour Bonaparte à l'archichancelier? — Sire, c'est un homme de mérite. — Sans doute, mais il a un singulier nom; tout ce que je puis vous promettre pour Bigot, c'est la survivance du ministère des cultes. »

A la mort de Portalis, Bigot dut ainsi à son nom et à la fantaisie de Bonaparte le ministère des cultes.

---

(1) Tronchet a laissé un volumineux recueil de consultations.

(2) Né à Redon en 1750, mort à Paris en 1825.

Il fut l'un des quatre rédacteurs de l'avant-projet du Code civil.

Chacun connaît l'Exposé des motifs où il discourut pendant deux heures à rebours de la loi dont il proposait l'adoption (1).

MALEVILLE (2).

Hautement royaliste, comme Tronchet, Maleville eut, comme lui, son jour d'inexcusable défaillance; il le prima pour le désintéressement.

Quoique né marquis, il avait débuté comme avocat au Parlement de Bordeaux.

En 1791, il devint membre, puis président du Tribunal de cassation.

Le commencement de sa vie politique ne data que du Directoire; il fut alors élu au Conseil des Anciens, où il prit rang parmi les membres du parti monarchique.

Maleville n'entra pas dans le complot du 18 fructidor; mais il s'inclina devant le succès du 18 brumaire.

Il redevint juge et plus tard président de la section civile du Tribunal de cassation.

Il fut en outre l'un des quatre membres chargés de rédiger l'avant-projet du Code civil.

Lors de la discussion, Maleville, fidèle à lui-même, se montra le champion convaincu du droit romain, se prononça en faveur du régime dotal et de la puissance paternelle, et réclama contre le maintien du divorce dont il n'admettait qu'un cas, l'adultère de la femme.

(1) Bigot de Préameneu, comme Portalis, fut de l'Académie française; on ne connaît de lui d'autre ouvrage que sa réponse au discours de réception de Frayssinous. Lorsque le duc de Montmorency, son successeur, eut à prononcer son éloge, il parla des bienfaits de son administration et dit « qu'il ne fallait pas l'accuser de tout mal qu'il n'avait pas été en son pouvoir d'empêcher, mais le louer du peu de bien qu'il avait pu faire. »

(2) Né à Domme (Périgord) en 1741.

Il termina sa vie politique en reniant le 18 brumaire, c'est-à-dire en votant la déchéance de Bonaparte et le rappel des Bourbons (1).

TREILHARD (2).

Treilhard exerça la profession d'avocat au Parlement de Paris.

Envoyé par le tiers état de Paris aux Etats généraux, il s'y prononça pour la réunion des trois ordres en une seule chambre.

Il rédigea, au nom du comité ecclésiastique, les rapports relatifs à la suppression des ordres religieux.

Il fit décréter la sécularisation des actes de l'état civil.

Il demanda les honneurs du Panthéon pour Voltaire *qui avait prédit, dès 1764, la Révolution à laquelle la France devait d'être régénérée.*

Il vota pour la mort de Louis XVI avec sursis, mais sans appel au peuple.

Il fut deux fois membre du Comité de salut public, l'une avant, l'autre après le 9 thermidor.

Il se montra, comme membre du conseil des Cinq-Cents, « un des plus déterminés champions du parti révolutionnaire ».

Il prononça le 21 janvier 1796, comme président du conseil des Cinq-Cents, un discours apologétique de la mort de Louis XVI, et fit décréter, le 16 avril suivant, la peine de mort contre les provocateurs à la royauté.

Il défendit la loi du 3 brumaire, qui excluait des fonctions publiques les parents d'émigrés.

---

(1) Maleville a laissé un commentaire du Code Napoléon, sous le titre de : *Analyse raisonnée de la discussion du Code civil au Conseil d'État.* Mais, hélas ! tel est ce merveilleux Code, que l'un de ses principaux et de ses plus consciencieux auteurs est rarement parvenu à en pénétrer le sens.

(2) Né à Brives-la-Gaillarde, le 3 janvier 1742, mort à Paris en 1810.

Il fut nommé membre du Directoire le 14 mars 1798.

C'est là la première phase de la vie de Treilhard ; en voici la seconde :

Il se rallia, sans aucune hésitation, au coup d'État de brumaire.

Il présenta au Corps législatif le sénatus-consulte du 28 floréal an XII (18 mai 1804) qui confiait le gouvernement de la République à un empereur, et prononça à cette occasion un discours enthousiaste sur les vertus de Bonaparte.

Il fut successivement vice président du Tribunal d'appel de la Seine, président de ce même Tribunal, conseiller d'État, président de la section de législation au conseil d'État, enfin ministre d'État.

Il fit partie de la commission de rédaction du Code de procédure civile, et fut nommé membre du conseil de discipline et d'enseignement de l'école de droit de Paris avec Tronchet et Merlin.

Il mourut un des plus grands personnages de l'Empire.

THIBAUDEAU (1).

Thibaudeau fut député à la Convention, où il vota la mort de Louis XVI sans sursis et sans appel.

Il reçut le surnom de Barre-de-Fer à cause de la rigidité de ses opinions républicaines.

Après la journée du 13 vendémiaire, il dénonça Tallien et Fréron comme complotant la chute de la république.

Voyons la contre-partie :

Il entra dans le complot du 18 brumaire.

Il fut fait conseiller d'État, préfet et comte de l'empire, etc.

Il est mort de nos jours sénateur du second empire (2).

---

(1) Né à Poitiers, le 23 mars 1765, mort à Paris en 1854.

(2) Thibaudeau a laissé de curieux mémoires sur le Consulat et sur l'Empire.

RÉAL (1).

Réal était procureur au Châtelet, lorsque éclata la Révolution.

Il fut d'abord dantoniste et prit part au 10 août.

Il exerça la fonction de substitut de Chaumette, procureur de la Commune, et devint ensuite accusateur public devant le tribunal révolutionnaire.

Il fut choisi pour orateur par la section de la halle au blé, et prononça en cette qualité, devant la Convention, un discours dont les premières paroles et le thème étaient : la République démocratique ou la mort!

Il fut le rédacteur du *Journal des patriotes*, et reçut, après la journée du 13 vendémiaire, le titre d'historiographe de la République.

Passons à la palinodie :

Il contribua activement au succès du 18 brumaire.

Il reçut pour ce fait des mains de Bonaparte 500 000 fr. en espèces.

Il devint conseiller d'État, directeur général de la police préfet de police et fut fait comte de l'empire (2).

EMMERY, DUVEYRIER, ALBISSON.

Trois hommes entièrement à la suite, entièrement effacés durant la Révolution, tirés de leur profonde obscurité par Bonaparte, ayant pris part à la rédaction du Code Napoléon Emmery comme conseiller d'État, Duveyrier et Albisson comme tribuns.

---

(1) Né à Chatou vers 1767, mort à Paris en 1834.

(2) Réal est, sinon l'auteur, du moins l'inspirateur de l'ouvrage intitulé : *Les indiscrétions*. 1798-1830, *Souvenirs anecdotiques et politiques tirés du porte-feuille d'un fonctionnaire de l'Empire*, mis en ordre par Musnier-Desclozeaux. Paris, 1834, 2 vol. in-8.

Ce préfet de police de l'Empire, ex-rédacteur du Code civil et du *Journal des patriotes*, était d'humeur joviale; on peut consulter à cet égard les *Indiscrétions* et la *Biographie Michaud*.

La parole suivante, rapportée par Bouillé dans ses Mémoires, donne la mesure du plus remarquable des trois : « *Si j'étais né gentilhomme, disait Emmery à Bouillé, je penserais et j'agirais comme vous ; mais un avocat comme moi a dû désirer une Révolution et s'attacher à une Constitution qui le fasse sortir ainsi que les siens de l'état d'avilissement où on les tenait.* »

Les autres auteurs du Code Napoléon n'ont pas même de nom dans la *Biographie universelle.*

CHAPITRE III

CONDITIONS DE LA RÉNOVATION DE LA SCIENCE ET DES ÉTUDES JURIDIQUES. — CONSÉQUENCES DE CETTE RÉNOVATION.

Les conditions de la rénovation de la science et des études juridiques sont :

1° La création de la philosophie du Droit ;

2° L'exclusion de la double tradition romaine et coutumière, et la reprise des principes du XVIIIe siècle et de la Révolution française ;

3° La refonte de la codification napoléonienne ;

4° L'établissement du jury en matière civile et la reconstitution de la magistrature ;

5° L'abolition du monopole universitaire.

Les conséquences de cette rénovation seraient :

1° La transformation du rôle de la doctrine et de la jurisprudence ;

2° L'abolition de l'esprit légiste.

Nous avons ajouté à la suite de ce chapitre une bibliographie relative à la composition du premier fonds de bibliothèque de l'étudiant en droit.

SECTION PREMIÈRE.

CONDITIONS DE LA RÉNOVATION DE LA SCIENCE ET DES ÉTUDES JURIDIQUES.

En parlant de la rénovation de la science et des études juridiques, comme d'un point spécial, nous ne faisons que nous conformer à la spécialité même de notre sujet; mais nous ne séparons pas cette rénovation d'un certain ensemble de réformes essentielles et de la régénération de l'esprit français.

I. — Création de la philosophie du Droit.

La philosophie est à la fois le premier et le dernier terme de chaque science.

C'est par elle que chaque science remonte à des principes, forme un enchaînement, s'avance vers un idéal. C'est aussi par elle que les différentes sciences se relient les unes aux autres, qu'au-dessus de toutes les sciences, apparaît la science, au-dessus de tous les buts, le but unique, suprême, la Vérité toujours plus proche. C'est aussi par la philosophie que les faux dogmes finissent, que la raison triomphe, que la conscience s'épanouit.

La philosophie est donc, en tout ordre de connaissances, ce qu'il y a d'intime, de permanent, de progressif. Elle est pour l'homme la révélatrice de sa voie, de son droit, de son devoir, de sa force.

C'est ainsi que la philosophie gouverne toutes les recherches de l'esprit humain, et qu'en dehors d'elle il n'y a de titre pour aucune.

De Thalès jusqu'à Descartes et jusqu'au grand XVIIIe siècle, d'Aristote jusqu'à Kant, il ne s'est pas constitué une seule science qui n'ait considéré la philosophie comme son commencement et comme sa fin.

La condition primordiale de la constitution d'une science est donc la création de la philosophie de cette science.

La conception du Droit ne date que du XVIIIe siècle, car cette conception est liée à celle de la liberté, et l'antiquité et le Moyen âge ne connurent que la licence de quelques-uns et l'oppression du plus grand nombre.

La découverte de l'idée du Droit est due à tout le XVIIIe siècle; mais, si considérable que soit cette découverte, elle n'a fourni qu'une direction; la science elle-même reste à construire.

C'est à l'Allemagne et à l'Angleterre que revient l'honneur exclusif d'avoir tenté l'édification d'une doctrine du Droit. Tandis qu'en France, le mouvement juridique se laissait enrayer par le coup d'État de brumaire et par la codification napoléonienne, au dehors ce mouvement continuait, sinon sans ralentissement, au moins sans terme d'arrêt; à la suite de Kant, des hommes tels que Fitche, Hegel, Feuerbach, Gans, Bentham, ouvraient au Droit les horizons scientifiques, et recherchaient les formules de la philosophie du Droit (1).

Il ne doit point coûter d'avouer que, malgré ce qu'ont produit de pareils efforts, les résultats définitivement acquis sont encore en petit nombre, et que les premiers fondements sont à peine jetés.

Cependant la France universitaire non seulement n'a aucuns travaux à mettre en regard de ceux des Kant et des Bentham, mais elle a systématiquement écarté le seul point de vue qui soit capable de régénérer les études juridiques.

---

(1) V. J. Kant, *Metaphysik der Sitten*, I. Th., *Rechtslehre*. 2te Ausg. 1879. Cet ouvrage a été traduit par Tissot, Paris, 1837, sous le titre de *Doctrine du droit*.

J. G. Fichte, *Grundlage des Naturrechts nach Principien der Wissenschaftslehre*. 2 Th., 1792, 2te Ausg., 1792.

W. F. Hegel, *Naturrecht und Staatswissenschaft, oder Grundlinien der Philosophie des Rechts*. 1821.

P. J. A. Feuerbach, *Versuch über den Begriff des Rechts*, 1795, et *Kritik des naturlichen Rechts*. Altona, 1796.

E. Gans, *Das Erbrecht in weltgeschichtlicher Entwickelung*. Berlin, 1824.

Bentham, *Œuvres complètes*, publiées par Dumont, 3 vol. gr. in-8.

Les Facultés de France ont marché derrière les Universités d'Allemagne, et, chose pénible à constater, au lieu de grossir les rangs des champions de la philosophie, elles ont demandé leur mot d'ordre aux zélateurs des plus vieux livres et des plus vieilles traditions

Que chacun de ceux qui croient à la possibilité d'une science du Droit et qui désirent l'avènement de cette science y songe donc; si l'on veut élever le Droit à l'état scientifique, c'est cet esprit qu'il faut avant tout changer (1)..

II. — Exclusion de la double tradition romaine et coutumière et reprise des principes du XVIIIe siècle et de la Révolution française.

Il est oiseux de rechercher si les lois et les codes se font ou si on les fait; ce qui est certain, c'est que lois et codes participent à l'éternel *devenir* du monde.

Les règles de ce *devenir* sont constatées par la science le mieux qu'elle peut; or, nous venons de montrer qu'il n'existe aucune science sans philosophie, c'est-à-dire sans

---

(1) L'école d'outre-Rhin qui a entraîné à sa suite les Facultés de France est celle qui s'est désignée elle-même sous le nom d'Ecole historique et qui, au moins dans sa seconde phrase, n'a mérité que le nom d'Ecole micrologique.

Son initiateur et son chef en a résumé la pensée fondamentale de la manière suivante :

« *Detailkenntniss ist das einzige was der Geschichte ihren Werth sicher kann* (la connaissance des détails est l'unique chose qui puisse assurer du prix à l'Histoire). *Savigny, Zeitschrift zur geschichtl. Rechtswissenchaft*, III. p. 5 et suiv.). »

On doit à l'École historique d'outre-Rhin de très exactes investigations de sources, de laborieuses exhumations, une foule d'exégèses, des collections de variantes, des éditions de toutes sortes; par sa haine incarnée contre la philosophie, par son mépris du droit naturel, par son culte exclusif du fait, cette École s'est condamnée à ne former qu'un groupe d'érudits qui demeurera sans influence sur les destinées du Droit. (Consulter, sur la direction de l'Ecole historique jusqu'en 1824. Gans, *Das Erbrecht in weltgeschichtlicher Entwickelung, Vorrede.*)

Ecrit avant la guerre franco-allemande.

Et, qu'a-t-elle fait depuis, cette école se disant historique? Fidèle à elle-même, elle a proclamé légitime la conquête.

un ensemble de principes reliant entre elles les différentes parties de cette science et la reliant elle-même à toutes les autres.

Au dernier siècle, le progrès des sciences a amené le renouvellement de l'idéal philosophique, et, à son tour, ce renouvellement a rendu nécessaire la reconstitution de toutes les sciences.

Les premiers et les plus illustres apôtres de la perfectibilité indéfinie du genre humain, Turgot, Price, Priestley, en tête desquels il faut placer Condorcet (1), ont vu avec une admirable clarté que jusqu'ici dans l'histoire du monde le progrès s'est opéré de deux manières : tantôt l'évolution a été partielle, graduée, et elle a vérifié de la façon la plus évidente ce mot de Leibnitz : « le présent engendré du passé est gros de l'avenir » ; tantôt, à certaines époques où une civilisation a épuisé ses principes essentiels, il a pu paraître que, ces principes répudiés, la transformation était complète (2).

Le XVIIIe siècle est une de ces mémorables époques.

Cette observation explique déjà pourquoi il y a des traditions que nous estimons nécessaire d'exclure aujourd'hui, des principes nécessaire de reprendre.

---

(1) Condorcet *Tableau historique des progrès de l'esprit humain.*

Voyez en outre, et tout particulièrement, Turgot, *Des progrès successifs de l'esprit humain;* et *Plans et projets de discours sur l'histoire universelle.*

Devant la postérité, Turgot se présente avec trois titres, dont un seul eût suffi à l'immortaliser.

Avec Price, avec Priestley, avec Condorcet, il a fondé la doctrine du progrès, c'est-à-dire, en un autre langage, la Philosophie de l'histoire : avec les économistes et Condorcet, il a introduit dans la science politique le point de vue du droit individuel; il a enfin la gloire d'avoir formulé le premier le principe de la séparation de l'Eglise et de l'Etat et de la sécularisation du Droit.

(2) Ce qui ne signifie pas que, même alors, le mot de Leibnitz cesse d'être exact, car, pas plus dans l'ordre moral et politique que dans l'ordre physique, rien ne naît de rien ; mais, à certains renouvellements, le présent élimine un plus grand nombre d'éléments du passé et en dégage l'idée la plus haute qui devient le pôle de l'avenir.

La question générale de la valeur scientifique du Droit romain pourrait être décomposée de la manière suivante :

Que vaut ce Droit comme forme, en quelque sorte par ses côtés plastiques et extérieurs?

Que vaut-il comme fond, soit dans ses origines, soit dans son développement, soit au point de vue de la société antique et du monde du Moyen âge, soit au point de vue de l'idéal conçu par le XVIIIe siècle?

Quel est enfin le mérite propre de la codification justinienne?

Nous soumettrons en son lieu cette vaste thèse à l'examen qu'elle comporte (1) : il convient de n'en dégager ici que l'idée capitale.

Le droit romain n'est pas une science, car il n'y a pas de science sans une base philosophique, et la seule philosophie romaine, la grande philosophie stoïcienne, n'arriva que lorsque le Droit romain était formé (2).

A l'époque où les Prudents commencèrent à faire école, Auguste régnait, le monde romain ne respirait plus que pour le repos, et c'était à qui se précipiterait plus avidement dans la servitude (3). Tandis que croulait de tous côtés l'antique

---

(1) Nous avions, à cette époque, la pensée de soumettre le droit romain au même examen philosophique et critique que le Code Napoléon.

(2) Nous disons, par abus, *la seule philosophie romaine*; il n'y a pas eu, à vrai dire, de philosophie romaine; le rude génie de Rome ne fut que le génie de la force; Rome emprunta à Athènes sa philosophie, sa littérature, ses arts.

Le grand poëte-philosophe Lucrèce est grec par son style comme par ses idées.

L'éclectisme prolixe de Cicéron (V. le *De officiis* si vanté et si peu digne de l'être) et la phraséologie vide et creuse de Sénèque, ne constituent pas une philosophie.

Le stoïcien Epictète est du premier siècle; le stoïcien Marc-Aurèle, du second.

(3) « *Cunctos dulcetudine otii pellexit* » ditTacite, en parlant d'Auguste, et il ajoute : « *Quum ferocissimi per acies aut proscriptione cecidissent, ceteri nobilium, quanto quis servitio promptior, opibus et honoribus extollerentur.* »

Comment les panégyristes du Droit romain n'ont-ils jamais songé à expliquer cette étonnante merveille d'une civilisation qui se précipite et qui, selon eux, n'en aurait pas moins produit une Doctrine du Droit!

vertu républicaine, il était manifestement trop tard pour renouveler la législation ; aussi l'effort du vieil et illustre républicain Labéon ne parvint-il qu'à sauvegarder l'intégrité de sa conscience ; dès la fin du premier règne, la tourbe des légistes avait un chef ; elle allait étouffer l'esprit du Portique sous des maximes sans dignité et sous des actes plus méprisables que ses maximes.

Lorsque parurent les Paul, les Ulpien, les Papinien, deux siècles d'empire avaient achevé le monde romain ; on ne subit pas impunément le joug d'hommes tels que César, Auguste, Tibère, Claude, Caligula, Néron, Domitien, et pour refaire la conscience d'un peuple, c'est trop peu d'un Marc-Aurèle.

Que pouvait, en vérité, ce Papinien taillé à l'antique et s'avisant de naître sous Caracalla !

La législation romaine est finalement demeurée une législation empirique, modelée sur le fait, et dont le progrès n'a pu corriger les iniquités essentielles (1).

EXCLUSION DE LA TRADITION COUTUMIÈRE.

La tradition coutumière, comme nous l'avons dit, est le mélange indécomposable de cinq traditions parmi lesquelles domine la tradition romaine.

---

(1) Le Droit romain a deux sortes d'admirateurs, les uns qui ne le savent pas et qui le citent à tout propos, n'ayant rien tant à cœur que de paraître ornés d'une connaissance dont ils sont totalement dépourvus ; les autres, en très petit nombre, gens d'étude, d'incessant labeur, qui, après avoir pâli quinze ou vingt ans sur le *Corpus juris civilis*, ou n'ont pas le désintéressement d'avouer qu'il y a un meilleur emploi à faire de l'activité intellectuelle, ou arrivent de bonne foi, ce qui est plus fréquent, à prendre les textes du Digeste pour le dernier mot de la sagesse humaine.

Il est remarquable que le décret même qui institua les Ecoles de Droit et qui y créa des chaires de Droit romain (Déc. 22 ventôse an XII), portait que « *le Droit romain serait enseigné dans ses rapports avec le Droit français* ». L'esprit du professorat, sous l'empire du monopole, a changé cette disposition ; il a adopté une méthode d'exégèse qui n'est que le plagiat de celle du XVIe siècle, une méthode qu'en Allemagne, dans un pays où le droit romain subsiste, au moins nominalement, à l'état de règle vivante, les Universités répudient (V. de Wangerow, *Lehrbuch der Pandekten*) ; une méthode enfin qui n'est propre qu'à rétrécir l'intelligence, à la dérouter, à lui fermer les voies de l'idée moderne.

Si le Droit romain manque de tout idéal, *à fortiori* en est-il de même du Droit coutumier.

A l'origine, ce Droit présente pourtant deux éléments prêts à faire alliance et d'où il semble qu'eût pu sortir le développement scientifique du Droit français.

Le premier en date, à la fois le plus national et le plus empreint de l'idée du Droit, l'élément celtique (1), n'a laissé que de douteuses traces dans la tradition coutumière; le second, l'élément germanique, corrompu par la conquête, a engendré l'horrible époque féodale.

Au XIIIe siècle et surtout au XVIe, les légistes, gens de tout joug, aidés par les canonistes, amalgament le Droit romain avec le Droit féodal; ils redressent l'un par l'autre.

De cet ensemble est sortie la législation dont la seule unité visible consista dans cette maxime renouvelée du Bas-Empire :

« Si veut le roi, si veut la loi (2). »

REPRISE DES PRINCIPES DU XVIIIe SIÈCLE ET DE LA RÉVOLUTION FRANÇAISE.

Elevés à leur plus haute généralité, les principes du XVIIIe siècle et de la Révolution française se résument dans la formule : liberté, égalité, fraternité.

Cette formule est le point culminant auquel trente siècles

---

(1) V. Lois de Hywel Dda, Coutume du Gabail Cinc, Triades de Dyn wal Mœlmud et notre étude sur *l'Enfant né hors mariage*, n. 20 et suiv.

Voy. aussi Michelet : *Origines du Droit français*, 1 vol. in-8°, et les vivants récits que le même historien a remplis de la longue plainte du Moyen âge (*Histoire de France*, notamment les six premiers volumes).

(2) Cet adage se trouve :

1° Au XIIIe siècle dans :

Beaumanoir (*Coutumes de Beauvoisis*, XXXV, 29);

Les *Établissements de Saint Louis*, I, 78.

2° Au XVIe siècle, dans :

Antoine Loisel (*Institutes coutumières*, 1).

3° Au XVIIIe siècle, elle forme la substance de toutes les théories juridiques de Pothier.

d'élaboration ont conduit la pensée humaine; elle abroge virtuellement tous les systèmes philosophiques et sociaux, toutes les Bibles, tous les Codes qui en contredisent l'immortelle idée; elle est le fondement de toutes les reconstitutions scientifiques, et de toutes les régénérations sociales; elle est l'immense vérité dont le développement toujours nouveau abritera les générations de l'avenir.

Si la France veut reprendre au Droit, cette formule est devant elle.

III.— Refonte de la codification napoléonienne.

Nous avons résumé ailleurs les nombreux points de désaccord de la codification napoléonienne avec l'idée scientifique; nous avons particulièrement énoncé les causes qui rendent indispensable la refonte du Droit de famille et du Droit de propriété (1).

Comme l'un des buts de l'ouvrage actuel (2) est de fournir la preuve détaillée de nos propositions, nous n'aborderons ici que le point de vue le plus général.

Nous examinerons brièvement :

1° Les conditions scientifiques de la codification;

2° L'histoire de l'idée de la codification jusqu'à l'époque du 18 brumaire;

3° La manière dont le législateur, issu du 18 brumaire, a conçu et appliqué l'idée de la codification.

---

(1) *Nécessité de refondre l'ensemble de nos Codes et notamment le Code Napoléon*. Appendice contenant le Code de la Convention, 2e édit Paris, 1866, 1 vol. in-8.

(2) Cette Introduction, à part les différents changements et additions que nous venons d'y faire, parut d'abord en tête de notre *Manuel de Droit civil.*

CONDITIONS SCIENTIFIQUES DE LA CODIFICATION.

La codification est la synthèse légale des règles qui gouvernent une même série de rapports juridiques.

Comme toute synthèse, elle a besoin d'une idée qui lui serve de clef de voûte, qui en relie l'ensemble et qui en constitue l'unité.

Telle est la valeur de cette idée, telle est aussi la sienne propre.

On voit par là que, quelle qu'elle soit, la codification ne saurait être une chose indifférente, et qu'elle ne peut manquer d'exercer en bien ou en mal une influence considérable sur la destinée d'un peuple.

Précisément, parce qu'un Code repose sur une idée très générale et qu'il emprunte à cette idée sa substance et sa trame, un Code peut ouvrir une nouvelle carrière à la civilisation ou en obstruer les voies.

De là, deux conditions qui s'imposent à la codification :

La première est qu'elle soit, à l'époque où elle a lieu, l'expression la plus haute de l'idée du Droit.

La seconde est qu'elle s'en tienne à indiquer des directions; qu'elle abandonne aux jurisconsultes et aux juges le développement de ses formules, simples, larges et compréhensives; qu'elle laisse à la société tout entière le soin de régler quotidiennement elle-même le détail de sa vie juridique.

Au lieu de fixer la vie d'une nation à des textes immobiles et surannés, la codification ainsi comprise peut devenir un des plus puissants leviers du progrès.

HISTOIRE DE L'IDÉE DE LA CODIFICATION JUSQU'A L'ÉPOQUE DU 18 BRUMAIRE.

Le fait de la codification est de date ancienne dans l'histoire des lois; on codifie depuis qu'on légifère; l'idée elle-même a subi les transformations les plus diverses.

Dans l'antiquité hindoue, juive et persane, et dans le monde musulman du Moyen âge, les Codes sont une révélation; le *Manava Dharma Sastra*, la *Bible*, le *Talmud*, le *Koran*, le *Zend Avesta*, ne séparent pas l'ordre religieux de l'ordre politique; ils embrassent dans leur indistincte unité toute l'activité humaine (1).

Le clair génie de la Grèce porte la lumière dans la synthèse des premiers âges; il soustrait à l'empire de ses dieux la législation de la cité; sans écarter l'unité comme idéal, les lois de Solon prennent pour fondement la liberté et constituent un véritable Code, dans le sens scientifique de l'époque moderne (2).

Rome fait revivre l'esprit de l'Orient; la religion reparaît dans les lois; mais à Rome, religion et législation, tout rentre dans l'ordre politique, tout est institution d'État (3). Au surplus le Code des Douze Tables, religieux, oppressif et

---

(1) V. *Manava Dharma Sastra*, tr. par Loiseleur-Deslongchamps, 1831. Paris, 1 vol. in-8.

Mosaisches Recht, von Michaelis.

Zend Avesta, tr. par Anquetil-Duperron. Paris, 1671, 1 vol. in-4°.

Koran, tr. par Kazimirski de Biberstein.

Composé vers le XIIIe siècle avant l'ère chrétienne, le *Manava Dharma Sastra* marque le point de départ de l'histoire de la législation chez les peuples indo-européens. A l'origine, dès que la société aryenne prend naissance, la loi attribue le droit à la caste; c'est là que commence l'évolution qui doit aboutir à attribuer le Droit à l'homme, en tant qu'homme.

Que les élèves désireux de rendre leur étude féconde ne craignent pas d'en exagérer les dimensions, mais qu'ils ne s'attaquent qu'aux grandes œuvres originales; qu'ils apprennent à les consulter, à les apprécier par eux-mêmes; la tâche n'est effrayante que de loin; ce sont les grandes œuvres originales qui fournissent seules les grandes lignes de l'histoire.

(2) Gans, *Das Erbrecht*, p. 3. — Hegel, *Grundlinien der Philosophie des Rechts*, p. 352.

Et, en général, *sur le droit attique* :

Bockh, Hudkwalker, Bunsen, Tittmann, Meier, Heffter, Platner, Schœmann

Les lois ont été réunies par Samuel Petit, sous le titre de *Leges Atticæ. Parisiis*, 1635, 1 vol. in-fol.

V. aussi le monument que Grote a élevé à l'histoire de la Grèce (Grote, tr. par L. de Sadous, *Histoire de la Grèce*).

Ajouter Curtius, *Histoire de la Grèce*.

(3) V. Gans et Hegel, *ibid*.

Et aussi Mommsen, tr. par Alexandre, *Histoire romaine*.

barbare, a beau présenter avec le Code attique de nombreuses et capitales différences; il lui ressemble en un point essentiel; il légifère de haut, ne pose que des principes et n'arrête ni ne gêne le mouvement social.

A côté de ces codifications, d'autres apparaissent sur la limite extrême qui sépare l'Antiquité du Moyen âge.

Celles-ci n'appartiennent plus, comme les premières, à l'enfance des civilisations ; elles correspondent, au contraire, à leur plus complet déclin.

Nous sommes au Bas-Empire; la source vive du Droit, la conscience humaine est tarie; trois empereurs, Théodose II, Justinien, Basile le Macédonien, le second plagiaire du premier pour l'idée, le troisième du second même, pour la mise en œuvre, ressassent, altèrent, corrompent et promulguent, en guise de Codes, les consultations des Prudents d'Auguste à Caracalla.

Si Théodose II est l'inventeur du système, Justinien en est le coryphée.

La principale œuvre législative de Justinien, le *Digeste* ou les *Pandectes* renferme environ trente mille décisions : or, jamais pareil entassement de cas particuliers ne s'était vu jusqu'à cet empereur.

Il ne saurait être question d'examiner ici la valeur intrinsèque de la codification justinienne; mais il est facile d'apprécier le procédé qui lui donna naissance; composée de débris recueillis au hasard, cette codification immense et informe appartient manifestement à la plus impuissante comme à la plus honteuse période de l'histoire.

La Révolution française n'eut garde d'aller chercher ses modèles au Bas-Empire.

Nous avons dit qu'en rédigeant son projet de Code, la Convention s'était proposé *d'épurer* et *d'abréger la législation.*

Elle y réussit d'une remarquable manière.

Au niveau de la science du XVIIIe siècle, pénétré du même esprit que l'ensemble des institutions, généralisateur, méthodique et précis, le Code de la Convention marquait le degré le plus élevé que la législation civile eût encore atteint chez aucun peuple.

MANIÈRE DONT LE LÉGISLATEUR ISSU DU 18 BRUMAIRE A CONÇU ET APPLIQUÉ L'IDÉE DE LA CODIFICATION.

On ne saurait dire assez ce que fut Bonaparte lorsqu'il s'agit de juger la codification qui porte justement son nom. Né dans une île qui dut à sa situation de rester en dehors de la vie moderne; génie de la race des conquérants antiques et politique de la famille des César, contempteur effréné de l'humanité, n'ayant d'autre culte que celui de lui-même, d'autre souci que celui de sa propre domination, Bonaparte était incapable de s'élever jusqu'à la hauteur de la moindre idée morale; religion, science, mœurs, lois, tout n'était entre ses mains que l'instrument de sa monstrueuse personnalité (1).

---

(1) Telle est la corruption du succès, que si le résultat en a retenti sur la scène du monde, il fait perdre le sens aux générations, et personne ne songe plus à en rechercher les causes ni à se demander ce qu'il fut.

Qu'on se reporte à 1800, à cette date où la vertu de la France, sa conscience, son génie, sa volonté, ont succombé dans la lutte révolutionnaire; combien en demeure-t-il des hommes qui ont pris part à l'héroïque épopée? Où sont les députés de la Constituante, de la Législative et de la Convention? Où sont Condorcet, Vergniaud, Danton, Couthon, Saint-Just, Robespierre?

La France s'est elle-même saignée à blanc, et la France tombe sous le talon d'un capitaine corse.

Qu'on place maintenant ce capitaine de 89 à 93, que pourra-t-il, qu'osera-t-il même, que sera-t-il?

Et parce que la conspiration de Bonaparte a réussi en brumaire dans une nation épuisée, Bonaparte aurait pris position de grand homme! Mais à qui donc alors l'humanité décerne-t-elle ce titre?

Bonaparte a-t-il éclairé la marche de l'humanité? L'a-t-il poussée en avant? A-t-il porté plus haut le cœur de la France?

Législateur politique, il a su recevoir des mains de Sieyès la Constitution de l'an VIII, cette merveille du despotisme astucieux; législateur de l'ordre civil, il a su faire assembler par Cambacérès et par Portalis le Code de 1804, ce néant de doctrine philosophique, économique et juridique, ce leurre des espérances de 89.

Cet homme a pesé sur tout un siècle; il a précipité peut-être une nation!

Génie militaire, nous l'ignorons, et dans ce génie qui appartient au passé, nous ne voyons que le fléau des peuples; génie humain, nous le nions.

La France de la Révolution le trouva sur sa route et se confia à lui ; ce fut son irréparable malheur.

Bonaparte fit son choix dans les idées qu'elle avait conçues; il répudia les unes, ne pouvant se les adapter; il prit les autres, les dénatura et s'en servit pour lui-même.

Ainsi procéda-t-il à l'égard de la codification.

L'œuvre en elle-même lui était tout aussi indifférente qu'à ses comparses; mais il y vit un moyen de gouvernement, et l'occasion lui paraissant bonne, il s'empressa de la saisir (1).

Dans de telles conditions, que pouvait être la codification napoléonienne? Pouvait-elle constituer cette haute synthèse qui forme l'idéal de la codification ?

Par leurs origines, les Codes issus du 18 brumaire n'excluaient pas moins complètement toute pensée de civilisation que toute conception scientifique; par la manière dont l'entreprise fut conduite à fin, elle renouvela le procédé de la compilation justinienne et mit la contre-révolution au cœur même de la société civile (2).

IV. — Établissement du Jury en matière civile et reconstitution de la Magistrature.

Comme nous l'avons indiqué précédemment (V. ch. I, sect. III, p. 13), le pouvoir ne réside que dans l'individu, car, en tout ordre, le pouvoir est pour chacun la faculté

(1) Dans la correspondance publiée par les soins du Gouvernement actuel, il existe une lettre où Bonaparte écrivant à son frère Joseph, alors roi de Naples, lui déclare que s'il a fait un Code, c'est avant tout pour rétablir le principe des substitutions; nous avons cité cette curieuse lettre dans notre *Manuel de Droit civil,* t. II, p. 602, à la note.

(2) Nous pensons cependant qu'en tenant compte des époques et des circonstances, l'impartiale postérité mettra, pour le fond, l'œuvre législative de Justinien au-dessus de celle de Napoléon; la législation de Justinien réalisa certains progrès; nous montrerons que les Cambacérès et les Portalis sont les émules, non les égaux de Tribonien.

d'user, autant qu'il peut, de sa liberté, sans attenter à celle des autres.

De là, deux conséquences :

La première que toute fonction politique, qui n'est pas exercée par la collectivité des individus, est une délégation ;

La seconde, que le progrès du mécanisme politique consiste à abroger de plus en plus cette délégation, et à organiser l'exercice direct de toute fonction politique par la collectivité elle-même.

Ces idées renferment la solution du problème de l'organisation judiciaire ; elles impliquent :

1° L'établissement du jury en matière civile ;

2° La reconstitution de la magistrature.

Nous examinerons l'un après l'autre, au point de vue spécial qui nous occupe, ces deux termes de la même solution.

ÉTABLISSEMENT DU JURY EN MATIÈRE CIVILE

La thèse de l'établissement du jury en matière civile dépasse, par un côté considérable, l'idée de la rénovation de la science et des études juridiques ; elle appartient essentiellement à l'ordre politique, même en entendant cette expression dans son sens restreint ou faussé.

Au point de vue du Droit et de la science politique, en effet, l'institution du jury en matière civile fournit le moyen d'abolir la plus importante partie de la délégation judiciaire, de faire vivre un peuple en communion constante avec l'idée du Droit, de lui apprendre enfin l'art de gérer lui-même ses propres intérêts.

Cette partie de la question se dérobe dans l'ouvrage actuel à notre examen ; celle qui en relève a une importance tout aussi fondamentale, quoique moins apparente, que la pércédente.

Nous avons dit à quelles conditions la codification doit satisfaire ; elle doit être, à l'époque où elle a lieu, à la fois la plus haute et la plus large expression de l'idée du Droit.

Avec une codification guidant le progrès des sociétés et lui ouvrant la carrière, toute magistrature est par elle-même forcément insuffisante.

Le mouvement des sociétés contemporaines procède avec une incomparable vitesse, et il revêt les aspects les plus divers; l'interprétation de la loi doit le suivre; elle doit marcher du même pas que les idées, que les besoins, et pénétrer tous les rapports sociaux. Quelles que soient les garanties qu'on exige d'une magistrature, quel que soit son amour effectif de la justice, comment cette magistrature, si elle est réduite à ses seules forces, pourrait-elle accomplir une semblable tâche? Comment, pour l'appréciation des faits, ne serait-elle pas inférieure à un jury qui, par la manière même dont il fonctionne, se renouvelle incessamment et réunit toutes les aptitudes qui constituent le fonds d'activité d'une nation?

L'interprétation de la loi ne peut correspondre au développement de la vie sociale que si la société tout entière y participe (1).

RECONSTITUTION DE LA MAGISTRATURE.

La constitution de la magistrature actuelle contredit l'idée la plus élémentaire du Droit politique. Toute fonction, qui n'est pas exercée par la collectivité sociale elle-même n'étant

---

(1) Indépendamment des principes du Droit politique, la thèse de l'établissement du jury en matière civile peut invoquer l'expérience des trois peuples les plus libres du monde, Genève, l'Angleterre, les États-Unis.

Consulter :

Les propositions d'Adrien Duport et de Chabroud à la Constituante et les rapports qui les suivirent. — M. Cherbuliez, de Genève, *Revue de Législation* t. XLI et XLII, *Du Jury envisagé comme garantie politique.* — M. Odilon Barrot, *De la centralisation.* — Meyer, *Origine et progrès des institutions judiciaires.* — De Tocqueville, *De la démocratie en Amérique.* — John Stuart Mill, *Du gouvernement représentatif.* — Ch. Comte *Considérations sur le pouvoir judiciaire* en tête *Des pouvoirs et des obligations des Jurys*, de sir Richard Phillips. — Bonjean, *Traité des actions.* — Emile Acollas, *De la réorganisation judiciaire.*

qu'une délégation, il s'ensuit que cette fonction doit être élective, révocable, temporaire.

Ces principes, à part celui de la révocabilité, étaient acquis en 1789, et, si la France n'avait pas oublié la tradition du XVIIIe siècle et de la Révolution, elle se rappellerait que même la Constitution monarchique du 3 septembre 1791, Constitution à laquelle Louis XVI prêta serment, les consacrait en termes exprès (1).

Là, comme ailleurs, ce fut l'homme de brumaire qui renversa le Droit et qui mit la force à sa place (2).

La magistrature actuelle n'est ni élective, ni temporaire,

---

(1) « Le pouvoir judiciaire est délégué à des juges élus à temps par le peuple (art. 5, tit. III, *Des pouvoirs publics*). »

« La justice sera rendue gratuitement par des juges élus à temps par le peuple et institués par lettres patentes du Roi, qui ne pourra les refuser. »

« L'accusateur public sera nommé par le peuple (art. 2, chap. V, tit. III, Const. 3 septembre 1791).

(2) On peut lire *in extenso* dans l'ouvrage déjà cité de Ch. Comte l'appréciation du coup d'État de brumaire, en ce qui a rapport à l'organisation judiciaire; en voici quelques extraits :

« Les conjurés du 18 brumaire avaient dispersé la représentation nationale par la force des baïonnettes, et par le simulacre de constitution qu'ils avaient publié; ils avaient expulsé tous les administrateurs nommés par le peuple, depuis les simples maires de village jusqu'aux administrateurs des départements. Il restait à faire pour les tribunaux ce qu'ils avaient fait pour les administrations municipales. Pour arriver au même résultat, ils prétextèrent le besoin d'une nouvelle organisation judiciaire. Trois mois après que les conjurés se furent installés sous le nom de gouvernement et qu'ils se furent donné une apparence de légalité, les tribunaux civils et criminels des départements et les tribunaux de police correctionnelle furent supprimés. »

Après avoir présenté le tableau de l'organisation judiciaire d'après les Constitutions et les lois combinées du Consulat et de l'Empire, le même publiciste conclut ainsi :

« On voit d'après cela que le chef militaire qui, en usurpant tous les pouvoirs publics, avait complètement détruit la liberté, organisa les tribunaux sur le même pied que son armée. Il s'empara de la nomination des juges, comme de la nomination des officiers. Il promit aux uns et aux autres, qu'une fois parvenus au premier grade, ils ne seraient pas arbitrairement destitués. Il ouvrit aux juges comme aux officiers la carrière des honneurs et de la fortune, et se réserva la faculté d'accélérer, de ralentir ou d'arrêter leur marche dans cette carrière, selon qu'ils se montreraient plus ou moins dévoués à le servir. » (Charles Comte, *Considérations sur le pouvoir judiciaire*, p. 25 et 27.)

et, par une étrange interversion de toutes les idées, on a érigé en principe qu'elle devait être inamovible.

Cette inamovibilité ne reçoit pas d'ailleurs un sens absolu; elle garantit le magistrat contre les destitutions arbitraires, mais en même temps elle le laisse en proie à toutes les suggestions de la vanité et de l'intérêt propre, au désir des distinctions honorifiques, aux tentations de l'avancement et du cumul des fonctions, à toutes les ardeurs du népotisme.

L'organisation judiciaire actuelle renferme un autre vice capital; la rétribution de la fonction du magistrat est, en général, insuffisante.

Assurément, dans un État fondé sur l'idée du Droit, le magistrat doit emprunter son unique relief à l'intégrité, à la dignité de sa conscience; mais plus il est nécessaire qu'il se possède lui-même et qu'il n'ait d'autre sollicitude que l'accomplissement de son immense devoir, plus il importe en même temps qu'il soit à l'abri des soucis de la vie matérielle et que les services dus à son honnêteté, à sa capacité, obtiennent une légitime rémunération.

Depuis le coup d'État de brumaire, tous ces principes ont été méconnus; de là, des conséquences de divers ordres dont plusieurs se réfèrent directement à notre sujet.

La plus grave de toutes est l'infériorité relative des magistrats parmi les hommes qui s'occupent des études juridiques.

Il y a là un mal énorme, incontestable, et qui exige qu'on insiste.

D'abord la magistrature ne se recrute, en général, que parmi les capacités les moins sûres d'elles-mêmes; celles qui se sentent en état de compter sur leur effort propre vont de préférence grossir les rangs du barreau. A l'école, dans les conférences du palais, dès que les aptitudes se classent, dès que les vocations se dessinent, l'élite se dirige vers la profession d'avocat et la magistrature glane sur le reste (1).

(1) Ecrit en 1867 sous l'empire.

Les dimensions de l'organisation actuelle sont de nature à aggraver singulièrement cette situation. Il y a en France plusieurs milliers de sièges de magistrats; or, ce sont tous ces sièges qu'il faut pourvoir.

Ensuite, l'inamovibilité ou plutôt l'irrévocabilité de la fonction est susceptible d'agir dans un sens défavorable à la culture, à l'entretien, au développement des aptitudes; l'erreur d'une nomination ne pouvant être réparée, le moins apte même n'a besoin d'aucun travail pour conserver sa fonction.

L'état de la jurisprudence confirme ces vues *à priori*.

En général, la jurisprudence exagère l'esprit du Droit napoléonien dans ce qu'il a de plus opposé à l'idée scientifique; elle ne l'améliore par exception que lorsque les besoins lui font violence.

La jurisprudence suit en outre un procédé qui s'aggrave de jour en jour; à côté de la religion des textes, elle a créé celle de ses propres décisions, et, comme, à ses yeux, la seconde est préférable même à la première, l'autorité des précédents oppose un nouvel obstacle à la discussion des doctrines.

Comme on le voit donc, par son organisation, par ses traditions, par la nature même de sa science, la magistrature actuelle est forcément enchaînée à la législation actuelle; elle serait impropre au nouveau rôle que lui ménagerait une codification scientifique.

V. — Abolition du monopole universitaire.

Parmi les causes qui paralysent l'essor du Droit, aucune n'agit d'une manière plus active et plus nuisible que le monopole universitaire.

En principe, tout enseignement doit être exclusivement abandonné à la libre initiative des individus ; pour l'enseignement du Droit en particulier, ce principe s'appuie sur les faits les plus probants.

Nous laissons de côté le point de vue de la justice qui exclurait tout examen, car il est évident que le monopole est contraire au Droit.

Point de vue donc de justice à part, c'est le vice capital du monopole de supprimer la nécessité de l'effort individuel et par là les féconds effets de la responsabilité propre. Lorsque l'homme ne porte plus la charge de sa destinée, lorsqu'il perd le stimulant de l'intérêt, son activité décroît; c'est là une loi de nature, et le monopoleur, en général, la subit.

Le monopole recèle un autre vice.

A l'abri de la concurrence, le monopoleur n'est averti ni s'il fait bien, ni s'il fait mal; il lui manque le contrôle impartial et efficace de l'intérêt d'autrui.

Dans le monopole universitaire, comme dans tout monopole d'État, ces deux vices atteignent le comble.

Le monopole universitaire présente en outre des dangers d'un autre ordre; il place l'enseignement sous la discipline de l'État. En matière d'enseignement professionnel, ce point risque d'être extrêmement grave. Devenu fonctionnaire, le professeur ne conserve pas son indépendance intacte; il est à la discrétion de l'État qui a le droit de l'élire, et qui a celui de le révoquer.

Lorsque les hommes qui gouvernent sont investis d'un tel pouvoir, il est difficile qu'ils résistent à la tentation d'en user; ils feront naître des doctrines d'État, ils auront des professeurs qui les enseigneront; tout au moins, imposeront-ils des programmes, ou marqueront-ils des limites.

Pour contester ce point, il faudrait ignorer l'histoire de nos temps et la pensée qui, dans l'esprit de Bonaparte, rattacha la création du monopole universitaire à l'ensemble de son système.

A la décharge des Facultés de Droit, il est juste de dire qu'elles sont, en général, demeurées étrangères aux doctrines d'État; il serait faux d'affirmer que leur enseignement échappe pour le tout à la contrainte universitaire et qu'il n'a pas ses restrictions obligées.

L'enseignement officiel du Droit a un vice propre, un vice énorme, qui a contribué pour sa part à arrêter le progrès scientifique, et à produire un des plus actifs dissolvants de l'époque présente ; l'enseignement officiel du Droit ramène toute la science à l'art d'interpréter grammaticalement les textes, de les combiner, de les opposer, d'en faire surgir des controverses; il encense les textes, parce qu'il sont les textes; il ne s'enquiert ni des principes ni des fins du Droit.

Cet art étroit abaisse l'esprit; ce probabilisme attaque la conscience ; ce culte du fait la détruit.

Enseignement désastreux pour de jeunes générations qu'il s'agirait d'élever, de fortifier, et, dans une époque si pleine de tourmentes, d'armer pour la vérité !

Nous ne contestons pas assurément l'érudition du corps enseignant des Facultés de Droit; mais, en général, ce corps est dans une voie fausse, il répète les pires méthodes de l'esprit humain, il a peur de l'idée, et loin de la sonder, il recule devant elle.

Cependant l'Idée demeure ! A côté de la Morale, plus près encore de la politique, dont il est partie intégrante, le Droit n'attend que les libres activités qui sauront en construire la doctrine scientifique (1).

---

(1) Comment le corps enseignant des Facultés de Droit sortirait-il de ces funestes errements, lorsque toute l'organisation universitaire converge vers l'unique but d'étouffer dans chacun de ses membres l'esprit de progrès?

Si, pour le recrutement des Facultés de Droit, le concours d'agrégation semble tempérer l'omnipotence de l'État, ce correctif n'atténue en rien les effets du monopole.

Dès le début, le candidat au professorat manque de liberté pour choisir sa direction; il sait qu'il devra fournir la preuve de son aptitude précisément d'après un programme tout empreint des traditions avec lesquelles il s'agirait de rompre, et devant un jury composé d'hommes qui les appliquent ou les approuvent.

Il faut donc, même malgré les aspirations contraires, se mettre à l'œuvre.

Cette longue et difficultueuse préparation absorbe les plus vaillantes années; comment n'exercerait-elle pas sur la carrière une influence habituellement décisive?

SECTION II.

CONSÉQUENCES DE LA RÉNOVATION DE LA SCIENCE ET DES ÉTUDES JURIDIQUES.

De même que nous ne séparons pas d'un certain ensemble les conditions de la rénovation de la science et des études juridiques, de même aussi, par un enchaînement forcé, nous n'admettons pas qu'en dehors de cette rénovation, les conséquences qu'elle entraînerait puissent se produire.

Il y a là un tout logique qui s'impose, et dont il n'est pas plus possible d'isoler en fait les divers éléments, que de les concevoir l'un sans l'autre.

I. — Transformation du rôle de la doctrine et de la jurisprudence.

Si l'on suppose réalisées les conditions de la rénovation de la science et des études juridiques, une carrière véritablement nouvelle s'ouvrirait pour la doctrine et pour la jurisprudence.

Nous n'avons pu indiquer ce qu'elles sont aujourd'hui sans faire pressentir la transformation qui les attendrait.

Tel jeune docteur s'est vite affranchi de la méthode de l'École; il a compris que le Droit n'est pas soustrait à la loi des destinées générales, et il s'est empressé de rejeter la tyrannie des vieux textes. Professeur universitaire, le même docteur dit adieu, sans retour, aux spéculations de la philosophie, aux larges enseignements des législations comparées, à l'indispensable étude de l'ensemble des sciences sociales.

Grave dommage pour lui-même, non moins grave dommage pour les jeunes générations qu'il enseignera, et pour cette science du Droit enfin, si lente à venir, mais au service de laquelle c'est l'intime contentement de la conscience d'avoir mis ce qu'elle a de forces vives.

TRANSFORMATION DU RÔLE DE LA DOCTRINE.

Au point de vue idéal, le jurisconsulte a deux principales fonctions : c'est à lui que revient la tâche de former et d'organiser la science juridique ; c'est aussi à lui qu'il appartient de marcher à l'avant-garde du législateur et de provoquer le progrès des institutions.

L'exégèse des textes ne correspond qu'à son moindre droit et à son moindre devoir.

Philosophe et politique, le jurisconsulte a un admirable rôle à remplir; il doit développer l'idée, observer les mœurs, étudier les besoins, contribuer à restreindre le domaine de la loi juridique, à mesure que la loi morale avance, et préparer en tous rapports les revendications de la liberté.

TRANSFORMATION DU RÔLE DE LA JURISPRUDENCE.

Au même point de vue idéal que pour le jurisconsulte, le juge et le magistrat sont les auxiliaires rationnels de l'élaboration scientifique.

Nous avons montré que dans l'état présent, le juge-magistrat ne fait qu'entraver le progrès du droit.

Dans une organisation fondée sur des principes, le jury doit constater quotidiennement, d'après les faits, l'évolution de la société; le magistrat doit devenir le gardien des hauts principes et des hautes directions juridiques.

Unis au jurisconsulte, le juge et le magistrat concourront à faire de la loi ce qu'elle doit être, l'organe vivant d'une société vivante.

II. — Abolition de l'esprit légiste.

« Dès que vous voyez paraître un despote, comptez que vous allez bientôt rencontrer un légiste qui vous prouvera doctement que la violence est légitime, et que les coupables sont les vaincus.

« Ce sont deux plantes qui croissent toujours ensemble sur le même sol. »

(De Tocqueville.)

Aux époques où les énergies morales s'affaissent, paraît le plus détestable esprit qui puisse miner les sociétés.

Pour définir l'esprit légiste, il n'est besoin que de regarder autour de soi.

S'en tenant toujours à la forme et biaisant toujours sur le fond, artisan du pour et du contre, dégagé de toutes convictions, ignorant de tous principes, adulateur du succès, fauteur de la trahison, grimaçant le droit, aidant la force, ne respirant que l'intérêt propre, l'esprit légiste marque infailliblement l'extinction du cœur et la ruine de la conscience.

Il y a quatre-vingts ans que, sous tous les régimes qui se sont succédé en France, l'esprit légiste corrompt et dissout le corps social.

BIBLIOTHÈQUE CHOISIE DE L'ÉTUDIANT EN DROIT.

Il nous est souvent arrivé d'être consulté sur la formation d'un premier fonds de bibliothèque. Rien de plus délicat à donner qu'un conseil de cette importance.

Notre bibliothèque choisie s'efforce de correspondre à une double pensée; l'enseignement scolaire doit avoir essentiellement pour but d'apprendre à l'étudiant à devenir son propre maître et à diriger lui-même le développement ultésieur de ses études; pour cela deux choses sont nécessaires : il faut d'abord que l'étudiant fasse provision de principes, car il n'existe de science qu'à cette condition; il faut ensuite qu'il connaisse aussi précisément que possible la législation existante, c'est-à-dire les textes.

Nous ne nous flattons pas de n'avoir commis dans notre catalogue aucune omission et d'avoir toujours su le composer des meilleurs livres; cependant, deux réflexions nour rassurent.

En ce qui concerne les omissions, nos précédentes bibliographies et toutes les indications bibliographique qui se rencontreront fréquemment dans nos différents volumes, peuvent y subvenir dans la plus large mesure.

Nous n'avons pas dû d'ailleurs perdre de vue qu'il s'agit avant tout ici de la composition d'une bibliothèque d'étudiant, de prix modique, quoique renfermant tous les ouvrages indispensables.

Il y a pourtant une lacune qui s'impose à nous et que nous regrettons trop profondément pour ne pas la signaler.

Dans la vaste et capitale matière de la législation comparée, il n'existe aucun ouvrage élémentaire formant un ensemble doctrinal; l'unique chaire que l'État a jusqu'ici jugé à propos de consacrer à cet enseignement a beau être occupée par un professeur qui n'immobilise pas l'idée du Droit (1), cette chaire est de tous points insuffisante, et si l'intelligente tutelle de l'État n'était de nature à expliquer les choses même les plus contraires à la raison, on ne comprendrait pas que, tandis que le Droit romain compte, par exemple, quatre représentants officiels à la Faculté de Droit de Paris (2), le Droit moderne, le Droit vivant, la législation comparée ne soit pas parvenue à en obtenir un

---

(1) Je n'avais pas lieu de modifier ce passage datant de l'Empire et d'une époque où M. Laboulaye occupait au Collège de France la place de législation comparée.

(2) Il en compte cinq aujourd'hui.

seul. De là, par une sorte de corrélation, l'absence, dans cet ordre, de tout ouvrage d'enseignement (1).

En ce qui concerne le choix, nous sommes persuadé que l'élève qui, durant le cours de ses études, aurait vécu dans la fréquentation assidue des trente ou quarante auteurs dont nous avons dressé la liste, aurait posé pour lui-même les fondements d'une instruction féconde, solide et pratique.

Ajoutons enfin qu'en inscrivant en tête de cette liste deux livres qui devraient être gravés dans toutes les mémoires, nous avons pensé que la situation dans laquelle se trouve la science du Droit ne justifiait que trop le rappel des deux ouvrages qui ont définitivement émancipé l'esprit moderne.

OUVRAGES GÉNÉRAUX

PHILOSOPHIE.

Bacon, *Novum organum*, dans ses *Œuvres*, trad. Riaux. Paris, 1843, 2 vol. in-8.

Descartes, *Discours de la Méthode*. Il fait partie des *Œuvres Choisies de Descartes*, publ. par Jules Simon. Paris, 1843, 1 vol. in-12 (2).

Platon, *République*, trad. Grou. Paris, 1855, 1 vol. in-12.

Aristote, *Politique*, trad. Barthélemy Saint-Hilaire, 2e édit. Paris, 1848, 1 vol. in-8.

Locke, *Du gouvernement civil*. trad. de l'anglais. Paris, l'an III de la république française, 1 vol. in-18.

---

(1) Voici ce qu'ont pensé sur ce point deux des plus célèbres jurisconsultes de l'Allemagne : « Dix leçons intelligentes sur l'ensemble du droit des Perses et des Chinois seraient bien mieux de nature à éveiller le véritable sens juridique chez nos étudiants que cent autres sur les misérables petites innovations *(die jämmerlichen Pfuschereien)* qu'a subies la succession depuis Auguste jusqu'à Justinien. » (Thibaut cité par Gans en épigraphe dans l'ouvrage intitulé : *Das Erbrecht in weltgeschichtlicher Entwickelun*).

Consulter :

I. Ouvrages généraux :

Anthoine de Saint-Joseph, *Concordance entre les Codes civils étrangers et le Code Napoléon*, 2e éd. Paris, 1856, 4 vol. gr. in-8.

II. Ouvrages spéciaux :

1° Sur le Droit anglais :

Westoby, *Résumé de la législation anglaise*. Paris, 1855, 1 vol. in-8.

2° Sur le Droit allemand :

Bluntschli, *Lehrbuch des Privatrechts*. Heidelberg, 1 vol. in-8.

(2) Nous engageons les élèves à lire dans la *Logique de John Stuart Mill*, trad. Peisse. Paris, 1865-1866, 2 vol. in-8, liv. VI, t. II, intitulé : *De la logique des sciences morales*.

J.J. Rousseau, *Contrat social,* édit. Dalibon. Paris, 1 vol. in-8.

Montesquieu, *Esprit des Lois.* Paris, 1834, 1 vol. in-18.

Turgot, *Œuvres,* avec notes de Dupont de Nemours, édit. E. Daire et H. Dussard. Paris, 2 vol. grand in-8 (1).

Condorcet, *Esquisse d'un tableau historique des progrès de l'esprit humain.* Paris, 1795, 1 vol. in-8 (2).

Kant, *Doctrine du Droit,* trad. Tissot sous le titre de *Principes métaphysiques du Droit,* 2 édit. 1853. Paris, 1 vol. in-8.

De Tocqueville, *L'ancien régime et la révolution,* 4e édit. Paris, 1860, 1 vol. in-8.

John Stuart Mill, *La Liberté,* trad. Dupont-White. Paris, 1860, 1 v. in-18.

Émile Acollas, *Philosophie de la science politique,* 2e édit. Paris, 1880, 1 vol. in-8 (3).

(Le commentaire de la Déclaration des droits de l'homme de 1793, qui fait partie de cet ouvrage, a été publié à part en un vol. in-18. Paris, 1885.)

---

(1) Il n'existe pas d'*Œuvres choisies de Turgot,* mais l'élève qui aura placé dans sa bibliothèque les œuvres complètes de ce grand penseur, qui fut aussi un grand homme d'action, n'aura pas à regretter que ce choix n'ait pas été fait.

Tout ce qui est sorti de la plume de Turgot, écrits achevés ou simples notes, est également précieux pour la constitution de la science politique.

Nous appelons de nouveau spécialement l'attention sur :

1o le discours intitulé *Des progrès successifs de l'esprit humain ;*

2o Les *Plans et projets de discours sur l'histoire naturelle ;*

Nous ajoutons : 3o Le *Mémoire au roi sur les municipalités.*

Turgot comprenait que l'émancipation de la Commune est la première condition de la liberté dans l'État.

(2) Nous souhaiterions, pour notre part, que le livre de Condorcet fût le *vade mecum* de l'étudiant ; il a été publié in-32 dans différentes bibliothèques.

(3) Consulter :

Pour l'histoire générale des religions : Kreutzer, *Symbolique* trad. Guigniaut.

Pour l'histoire générale de la philosophie ; Ritter. Trad. Tissot et Challemel-Lacour, *Histoire de la Philosophie ancienne, chrétienne et moderne,* Paris, 1844-1861. 9 vol. in-8.

Fouillée, *Abrégé de l'histoire de la philosophie,* 1 vol. in-8.

Pour l'histoire de la philosophie moderne en particulier :

Lange, trad. Pommerol, *Histoire du matérialisme et critique de son importance,* Paris, 1879, 2 vol. in-8.

Sur toutes les matières : Diderot et d'Alembert, *Encyclopédie du* XVIIIe siècle.

V. en particulier le Discours préliminaire par d'Alembert.

Complétée par les œuvres de tous les écrivains du XVIIIe siècle, l'Encyclopédie est le point de départ de la nouvelle période scientifique.

Enfin les élèves qui voudront se rendre compte (et nous souhaitons qu'ils soient nombreux) de la nouvelle direction philosophique, ne doivent pas rester étrangers à la connaissance du mouvement philosophique qui a pénétré si avant les sciences naturelles en ce siècle; ce sont les sciences naturelles qui, aujourd'hui, priment et mènent les autres au point de vue philosophique. (V. les ouvrages des Lamarck, Geoffroy St.-Hilaire, Darwin, Karl Vogt, Haeckel, et les brillantes vulgarisations de Jules Soury).

Lire aussi les écrits de Tylor, John Lubbock, etc.

HISTOIRE.

F. Grille, *Introduction aux Mémoires sur la Révolution française* Extraits des cahiers des États généraux). Paris, 2 vol. in-8 (1).

Michelet *Histoire de la Révolution française,* nouvelle édit. Paris, 1880, 9 vol. in-12 (2)..]

ÉLOQUENCE.

Mirabeau, *Œuvres complètes.* Paris, 8 vol. in-8.

---

(1) La collection complète des cahiers des États généraux est en cours de publication; plusieurs volumes ont paru; le prix de chacun est élevé; Grille peut suffire, sauf le complément qu'on lui donnera en consultant la collection.

(2) Michelet a décrit d'une manière incomparable toutes les journées dans lesquelles le peuple fut lui-même acteur; mais il a été égaré par son point de vue et il n'a pas fait aux géants de la Constituante, de la Législative et de la Convention toute la part qui leur revient.

Lire aussi Louis Blanc, *Histoire de la Révolution française,* 2e édit. Paris, 1865, 2 vol. in-8.

L'ouvrage de M. Louis Blanc possède un mérite exceptionnel en ce siècle; il respire tous les enthousiasmes, toutes les indignations, toutes les saintes révoltes de la conscience; il est souvent éloquent et toujours impartial, c'est-à-dire pénétré de l'amour du vrai.

Mais le temps n'est pas venu de juger les hommes et les choses de la Révolution française; cette Révolution n'est pas close; le XIXe siècle n'a pas, jusqu'à présent, *accompli sa tâche*; la synthèse scientifique n'est pas reconstituée et l'on peut se demander si la société française est en voie de se renouveler d'après les bases que la Révolution a posées.

Consulter et acheter si l'on peut :

POUR L'HISTOIRE GÉNÉRALE DE LA FRANCE AVANT 1789 :

Henri Martin, *Histoire de France,* 4e édit. Paris, 1855-1860, 17 vol. in-8.

Alexis Monteil, *Histoire des Français des divers États aux cinq derniers siècles.* Paris, 1827, 10 vol. in-8.

Le livre d'Alexis Monteil est à peine une ébauche; il relève d'une idée qui appartient à l'avenir et qui n'a pas sa place dans le passé : tel qu'il est, cet ouvrage, fruit des recherches de toute une vie, abonde en renseignements qu'on chercherait vainement ailleurs.

Nous rappelons au sujet de la condition des personnes et des terres au moyen âge :

Guérard, *Polyptyque de l'abbé Irminon.*

POUR L'HISTOIRE CONTEMPORAINE,

Lanfrey, *Histoire de Napoléon Ier.* Paris, 1867 2 vol. in-12.

A. de Vaulabelle, *Hist. des deux Restaurations,* jusqu'à la chute de Charles X, 3e éd. Paris, 1844 et suiv. 6 vol. in-8.

Louis Blanc, *Histoire de dix ans,* 5e éd. Paris, 1846, 5 vol. in-8.

OUVRAGES SPÉCIAUX.

DROIT ROMAIN.

Mommsen, *Histoire romaine*, trad. Alexandre. Paris, 1862-1872, 8 vol. in-8 (1).

Rivier, *Introduction historique au droit romain*. Bruxelles et Paris, 1 vol. in-8.

Maynz, *Éléments de droit romain*, 4e éd. Bruxelles et Paris, 1877, 3 vol in-8.

Accarias, *Précis de droit romain*, 3e édit., 1882, 2 vol. in-8.

Demangeat, *Cours élémentaire de droit romain*, 3e édit. Paris, 1875-1876, 2 vol. in-8.

Pellat, *Exposé des principes généraux de la propriété et de l'usufruit* Paris, 1 vol. in-8, 1853.

Willems, *Le droit public romain*, 4e édit. 1880, 1 vol. in-8.

Summer Maine, trad. Courcelle-Seneuil, *L'ancien droit*. Paris. 1 vol. in-8 (1).

DROIT INTERNATIONAL.

Wheaton, *Histoire du droit des gens en Europe et en Amérique, depuis la paix de Westphalie jusqu'à nos jours*. Paris, 1853, 5 vol. in-8.

Vattel, annoté par Pradier-Fodéré. 3 vol. in-8.

Bluntschli, trad. Lardy, *Le droit international codifié*, 3e édit. Paris 1881, 1 vol. in-8.

DROIT FRANÇAIS

DROIT POLITIQUE (*sensu stricto*).

A part la critique que mérite la base même du *Contrat social*, ce livre demeure un des plus considérables traités de Droit politique qui aient paru dans le monde.

---

(1) L'élève qui pourra ajouter l'histoire grecque de Grote (trad. L. de Sadous, Paris, 17 vol. in-8) à l'histoire romaine de Mommsen aura toute l'antiquité sous la main.

(2) Ajouter, si l'on veut : Von Ihering, trad. De Meulenaere, *L'esprit du droit romain*. Paris, 1878, 4 vol. in-8. On trouve dans cet ouvrage une grande dépense d'érudition pour appuyer des thèses banales, beaucoup de formules prétentieuses et vides, quelques idées.

Les élèves du doctorat qui savent l'allemand consulteront avec fruit :

De Wangerow, *Lehrbuch der Pandekten*, Marburg, 1851-1854, 3 vol. in-8.

Lenel, *Das edictum perpetuum*.

Nous recommandons en outre à tous les élèves de doctorat, pour certaines parties spéciales :

Molitor, *Cours de droit romain approfondi*, avec les rapports entre la législation romaine et la législation française; *Traité des obligations*. Paris, 1850, 3 vol. in-8.

Traité de la possession, de la revendication et des servitudes. Paris, 1851, 1 vol. in-8.

Savigny, *Le Droit des obligations*, traduit par C. Gérardin et P. Jozon. Paris, 1863, 2 vol. in-8.

Nous avons dû mentionner plus haut les Cours de politique constitutionnelle et de Droit constitutionnel de Benjamin Constant et de Rossi; mais, tout en reconnaissant qu'il y a lieu de rapporter en particulier à Benjamin Constant l'honneur d'une certaine continuation et même d'un certain développement de la tradition de Turgot et de Condorcet, c'est-à-dire de l'idée du Droit individuel, nous nous hâtons d'ajouter que l'ensemble des *œuvres de Benjamin Constant*, non plus que tous les écrits du libéralisme irrésolu, inconséquent, et en réalité contre-révolutionnaire qui, depuis la Restauration, fait école en France, ne contiennent pas de traces d'une doctrine du Droit politique.

Les opinions de ce libéralisme attestent un déclin et non un progrès de la science politique; elles ont pour suprême expression l'Acte additionnel aux constitutions de l'empire et les Chartes de 1814 et de 1830; elles reculent finalement en deçà de 1789. (V. l'analyse de la Constitution de 1791, 4e Appendice.)

Le droit politique doit être cherché dans les ouvrages généraux ci-dessus indiqués, dans les trois Constitutions qui appartiennent à la période de la Révolution (3 sept 1791, 24 juin 1793, 5 fruct. an VII), dans la Constitution du 4 novembre 1848, enfin dans la Constitution américaine, dans la Constitution fédérale et dans les Constitutions cantonales suisses.

Les livres à avoir en bibliothèque sont :

Tripier, *Les Constitutions françaises depuis* 1789, suivies de la Constitution des États-Unis d'Amérique, 2e éd. Paris, 1879, 1 vol. in-18.

Les Constitutions suisses, édit. in-8, publ. à Lausanne (1).

---

(1) La législation politique comparée ne comprend, au point de vue scientifique, que les trois Constitutions de la Révolution, la Constitution de 1848, la Constitution américaine et les Constitutions suisses.

En dehors de cette sphère, il n'y a que des accidents historiques, des tâtonnements et de l'empirisme pur.

Certes, une Constitution doit s'inspirer des besoins, des mœurs, des habitudes du peuple pour lequel elle est faite; mais elle ne se rapporte à l'ordre du droit qu'autant qu'elle est dominée par un de point de vue de justice.

De Tocqueville, *De la Démocratie en Amérique*, 14e éd. Paris, 1865, 3 vol. in-8 (1).

DROIT CIVIL.

Demante, continué par Colmet de Santerre, *Cours analytique du Code civil*, 1855-1881, 9 vol. in-8.

Zachariæ, refondu par MM. Aubry et Rau, *Cours de droit civil français* 4e éd. Paris, 1858-1865, 8 vol. in-8.

Proudhon, annoté par Valette, *État des personnes*. Paris, 1859, 3 vol. in-18.

Demolombe, *Cours de Code Napoléon* (2). Paris, 1845-1868, 31 vol in-8.

Emile Acollas, *Manuel de droit civil, commentaire philosophique et critique du Code Napoléon, contenant l'exposé complet des systèmes, juridiques*, Paris, 1877, 2e édit. 3 vol. in-8, plus *Table analytique*, 1 demi-vol. (3).

PROCÉDURE CIVILE.

Garsonnet, *Cours de procédure*. Paris, 1881-83, 2 vol. in-8.

Bonfils, *Organisation judiciaire, compétence et procédure civile*. Paris. 1884, 1 très fort vol. in-8.

---

(1) M. De Tocqueville a vu et constaté, en quelque sorte malgré lui, l'avenir du monde moderne. Cette disposition a incontestablement nui à la netteté et à la fermeté des conceptions du publiciste; elle a rendu son témoignage d'autant plus probant pour la démocratie.

Les institutions, l'état général et l'histoire de la société américaine ont été résumés dans les deux ouvrages suivants :

Bigelow, *États-Unis d'Amérique*. Paris, 1 vol. in-8.

Goodrich, *États-Unis d'Amérique*. Paris, 1 vol. in-8.

Consulter :

Story, *Commentaire de la Constitution des États-Unis*, trad. Odent. Paris, 1846, 2 vol. in-8.

G. Bancroft, *Histoire des États-Unis*, trad. Gatti de Gamond. Paris, 10 vol. in-8.

(2) Ce livre est à lui seul un répertoire de la législation civile actuelle. Il rend aux élèves les plus grands services pour les exercices des Conférences du Palais; or, ces exercices, malheureusement trop délaissés aujourd'hui, ont une importance qui égalerait en tout état celle de l'enseignement scolaire.

C'est dans les Conférences que l'élève apprend à dégager ses idées, à les formuler, à discipliner son esprit, à lier un raisonnement, à penser par lui-même, ce qui est le but et ce qui doit être le résultat capital de l'enseignement.

(3) Kant avait dit : « Le droit est l'ensemble des conditions au moyen desquelles l'arbitre de l'un peut s'accorder avec celui de l'autre, suivant une loi générale de liberté. »

L'auteur du *Manuel de droit civil* n'est pas un disciple de Kant; mais il est arrivé, par ses propres études et par ses propres méditations, à poser le même principe fondamental du Droit que Kant, le droit pour chacun de disposer de soi-même, ce qui, par une corrélation forcée, implique, dans l'état social, le devoir pour chacun de respecter le droit de libre disposition dans les autres.

C'est ce principe que, au moyen de la méthode historique et d'observation, le Manuel commence par dégager dans chaque matière du droit civil; c'est aussi, à la lumière de ce principe, que chaque partie de la

ORGANISATION JUDICIAIRE (1).

Sir Richard Philipps, *Des pouvoirs et des obligations des jurys*, trad. Ch. Comte, précédé de *Considérations sur le pouvoir judiciaire et sur l'institution du jury*, par Charles Comte, 2e édit. Paris, 1828, 1 vol. in-8.

DROIT PÉNAL ET INSTRUCTION CRIMINELLE.

Beccaria, annoté par Faustin Hélie, *Des délits et des peines*. Paris, 1866, 1 vol. in-18.

Bentham, trad. par Dumont. Paris, 1827. *Théorie des peines et des récompenses*, 2 vol. in-8.

Boitard, annoté par Faustin Hélie, *Leçons sur les Codes d'instruction criminelle et pénal*, 9e éd. Paris, 1868, 1 vol. in-8 (2).

Lainé, *Traité élémentaire de droit criminel*, in-8.

Esmein, *Histoire de la procédure criminelle en France*, Paris, 1882, 1 vol. in-8.

DROIT COMMERCIAL

H. F. Rivière, *Répétitions écrites sur le Code de commerce*, 8e édit. Paris, 1 vol. in-8 (3).

Lyon-Caen et Renault, *Précis de droit commercial*, in-8.

---

législation napoléonienne est d'abord examinée dans ses termes les plus généraux.

Le Manuel se ramène en outre à ceci :

Une reproduction aussi impartiale, aussi exacte, aussi complète que possible des *doctrines* et des systèmes de l'École et de quelques vues de la jurisprudence.

Une critique et un redressement, dans l'ordre purement technique, selon le cas, de ces doctrines, de ces systèmes et de ces vues.

Et c'est l'intime regret de l'auteur si la conclusion qui ressort, c'est que :

Pour le procédé, la science du Droit demeure fixée à celui du Moyen âge, et est devenue un art de subtilité et d'équivoque ;

Pour le fond, notre droit civil actuel, dans son ensemble, est en pleine réaction contre les idées de la Révolution et contre le premier principe du Droit.

(1) L'organisation judiciaire actuelle est exposée dans une foule de livres ; l'ouvrage que nous comprenons dans notre bibliothèque se rapporte à l'idée d'une organisation judiciaire rationnelle et à la législation comparée.

Les élèves ne trouveront nulle part une critique plus vigoureuse et plus autorisée de l'institution actuelle, et en même temps de meilleures vues d'ensemble sur l'établissement du jury en matière civile.

(2) Les principes du Droit pénal et de l'instruction criminelle doivent aussi être cherchés dans le Code des délits et des peines du 3 brumaire an IV et dans les institutions de l'Angleterre, de l'Écosse et des États-Unis.

Consulter sur ce dernier point l'ouvrage original de Mittermaier.

(3) Comme nomenclature d'un certain nombre des questions que la doctrine du droit commercial pose en dehors des textes, non pas comme indication de la solution de ces questions, consulter :

Walther Munziger, *Motifs du Code de commerce suisse*, trad. Marc Dufraisse. Zurich, 1865, 1 vol. in-8.

ÉCONOMIE POLITIQUE.

J. B. Say, *Traité d'économie politique*. Collect. Guillaumin.
Ch. Dunoyer, *De la liberté du travail*. Paris, 1845, 3 vol. in-8.
Bastiat, *Œuvres choisies comprenant les sophismes, les petits pamphlets et les Harmonies*. Paris, 3 vol. grand. in-18.
John Stuart Mill, *Principes d'économie politique*, 2e éd. Paris, 1861, trad. Dussard et Courcelle-Seneuil, 2 vol. in-8 (1).

DICTIONNAIRES (2).

Dictionnaire politique, publié sous la direction de Maurice Block, 2 vol. grand in-8.
Dictionnaire des Économistes, publié sous la direction de MM. Ch. Coquelin et Guillaumin, 2 vol. grand in-8.
Dictionnaire général d'administration, publié par A. Blanche, nouvelle édit., 2 vol. gr. in-8 (3).

---

(1) Où M. John Stuart Mill a marqué son empreinte, l'empreinte doit rester. Comme tout ce qui est sorti de la plume de M. Mill, les *Principes d'économie politique* sont une œuvre hors ligne. Ce n'est cependant un ouvrage à aborder qu'après les précédents.

STATISTIQUE.

Nous conseillons l'achat périodique de l'*Annuaire de l'économie politique et de la statistique*. 1 vol in-18 (librairie Guillaumin).
Consulter :
A. Legoyt (V. catalogue de la librairie Guillaumin).
Guerry, *Statistique morale de l'Angleterre comparée avec celle de la France*.

(2) Les dictionnaires font éviter les pertes de temps ; lorsqu'ils sont bien faits, ils fournissent une foule de renseignements que, sans leur secours, on ne parvient souvent à se procurer qu'avec la plus grande peine. Le *Dictionnaire de l'Économie politique*, en particulier, est un livre qui mérite de se trouver dans la bibliothèque de tout étudiant.
Consulter :
La collection des principaux économistes, 15 vol. format gr. in-8.
La collection du *Journal des Économistes* (V. catalogue de la librairie Guillaumin).

(3) Nous n'indiquons pour le Droit administratif qu'un dictionnaire ; cela tient à ce que nous sommes fort empêché de choisir entre des traités qui reposent sur une législation dont il n'est pas facile d'apercevoir les principes et qui est d'ailleurs fort mal assise.

Cependant, si les élèves tiennent à mettre un livre de Droit administratif dans leur bibliothèque, nous conseillerions :
Th. Ducrocq, *Cours de droit administratif*, 6e édit. Paris, 1881, 2 vol. in-8.

Nous avons laissé en dehors de ce fonds de bibliothèque choisie tous les ouvrages qui se rapportent à la littérature et aux beaux-arts ; mais, si nous avons ainsi limité notre nomenclature, ce n'est que pour ne pas lui donner des proportions qui eussent excédé notre but propre.

Nous pensons énergiquement que toutes les conceptions de l'esprit humain se tiennent, qu'entre la littérature, l'art et la science, il existe un intime lien ; en un mot, que l'Idée du Beau n'est pas séparable de l'Idée du Juste.

Peu de livres, des livres-maîtres en toutes directions et l'effort propre pour féconder, pour augmenter le patrimoine de science et des honnêtes exemples qui est le fonds commun de l'humanité.

PREMIER APPENDICE

PROCÈS-VERBAUX D'UN COMITÉ D'ÉTUDE AYANT POUR BUT LA REFONTE DE LA LÉGISLATION CIVILE.

En 1866, plusieurs personnes, dont l'idée fondamentale était la nécessité de refondre l'ensemble des Codes Napoléoniens, convinrent de mettre en commun le résultat des études de toute leur vie, et de rechercher les bases d'une législation civile rationnelle.

Bien que cette réunion se soit trouvée inopinément forcée de s'interrompre, et n'ait pu aborder qu'un petit nombre de questions, nous ne jugeons pas sans intérêt de reproduire les procès-verbaux (1).

(1) Cette réunion, qui se tenait chez M. Jules Favre, était composée de : MM. Jules Favre, Jules Simon, Ch. Vacherot, Frédéric Morin, Joseph Garnier, Courcelle-Seneuil, Ch. Lemonnier, André Cochut, Herold, Clamageran, Paul Jozon, Jules Ferry, Floquet, Paul Boiteau, Henri Brisson, docteur Clavel, Émile Acollas.

1re SÉANCE.

(7 mai).

OBJET ET BUT DES TRAVAUX DE LA RÉUNION.

(Rapporteur : M. Emile Acollas).

Messieurs,

Notre réunion se propose d'étudier la législation civile et commerciale et l'organisation judiciaire dans leurs rapports avec la science générale de la démocratie; elle se donne pour programme de rechercher les bases sur lesquelles la démocratie française devra, au jour de son avènement, asseoir à la fois cette législation et la reconstitution de la magistrature; elle a pour idéal de substituer la liberté au régime oppressif des vieilles institutions juridiques, la conscience et la raison à l'art prétendu savant qui a si longtemps étouffé l'une et l'autre sous la formule et qui heurte aujourd'hui de front les réalités économiques, de constituer en un mot progressivement l'autonomie la plus pleine possible de l'individu (1).

Deux faits primordiaux, la famille et la propriété, dominent l'ensemble de la législation qu'on est convenu d'appeler si improprement législation civile.

Le premier de ces faits, la famille, comporte trois termes : le mariage, l'enfant, la tutelle.

Le mariage, c'est-à-dire l'union de l'homme et de la femme, provoquée et sanctifiée par l'amour, enregistrée par la société;

L'enfant, une liberté qu'il faut développer et élever à la conscience d'elle-même;

La tutelle, une protection spéciale due, dans certaines situations, aux incapables.

---

(1) L'idée du droit social ayant plus ou moins apparu dans toutes les discussions dont les procès-verbaux suivent, nous n'avons pas besoin de dire que cette idée ne nous a pas compté parmi ses défenseurs.

L'institution du mariage soulève, au point de vue démocratique, les trois thèses de la dissolubilité, de l'égalité de droits entre le mari et la femme, des conditions auxquelles l'union conjugale peut être valablement contractée.

La réglementation des intérêts pécuniaires des époux se rattache par un lien nécessaire à la seconde.

L'enfant donne lieu à la question de filiation dans le mariage et hors du mariage, et à celle du devoir de direction des parents, si improprement dénommé dans nos lois, puissance paternelle.

La législation relative à l'enfant, né hors mariage, constitue une des énormités du Code Napoléon; elle sollicite particulièrement la division de la démocratie.

La tutelle réclame une organisation plus réellement protectrice et un remaniement approprié au progrès économique; elle forme pour l'enfant, né hors mariage non reconnu, un des *desiderata* inexplicables de la législation actuelle.

Le second des faits dont s'occupe la législation civile, la propriété, est aujourd'hui réglementé par deux séries de lois différentes, les unes spécialement dites civiles, les autres qualifiée de commerciales.

Cette distinction a été adoptée par la plupart des législations modernes; elle n'a au fond aucune raison d'être et n'a pas peu contribué à retarder le perfectionnement de la législation civile. Tandis que le droit commercial, cédant à la pression des intérêts et des besoins bien plus qu'aux enseignements d'une science contradictoire et anarchique, a rejeté plus complètement de jour en jour les liens surannés des formes et des règles traditionnelles, le droit civil s'est immobilisé dans le système romain, et il n'est pas rare de voir des esprits affranchis sur tout le reste, déclarer qu'ils s'en tiennent, pour le droit de la propriété, à une conception, datant de quinze à vingt siècles, et reposant sur l'idée de l'assujettissement du plus grand nombre.

Le droit de la propriété comprend les diverses manières de jouir des biens et les diverses manières de les acquérir.

Le droit de l'homme sur les biens a besoin d'être dégagé d'une série de restrictions et de réglementations abusives; au point de vue légal, la question de la propriété littéraire, artistique et industrielle demeure entièrement nouvelle.

Les règles relatives aux modes d'acquisition appellent des réformes radicales, des modifications, des compléments.

La théorie générale des contrats, beaucoup trop vantée, veut être ramenée à des principes moins abstraits, plus simples, plus vivants. Il faut que l'intention en devienne l'âme et que la liberté en soit la norme.

L'échange et la vente, le contrat de prestation de travail, les contrats de crédits, recèlent, abstraction faite du point de vue moral, l'avenir même de la démocratie.

Le contrat de prestation de travail, inconnu des vieux légistes et dont l'immortel Turgot a déposé le germe dans notre ordre économique, nous donnera lieu d'affirmer le principe de la liberté du travail et de traiter la vaste question des services monopolisés.

Les contrats de crédit (prêt à intérêt avec son annexe, l'hypothèque, société, assurance) nous conduiront à considérer la propriété sous l'aspect de son caractère d'instrument de travail et à rechercher les moyens de la mettre à la portée de tout effort honnête et assidu.

En dehors des contrats, se détacheront, dans les donations, la thèse de la liberté de tester, dans les successions *ab intestat*, les questions du droit des collatéraux, du droit de l'enfant né hors mariage, du rapport des donations des legs non préciputaires.

Tout en n'embrassant que le pur domaine de la législation privée, ce programme est vaste; il resterait cependant incomplet et nos vues demeureraient stériles si nous ne comprenions dans nos travaux l'étude de la réorganisation judiciaire.

Refondre le Droit civil et reconstituer la magistrature, ce sont les deux faces d'une même idée. Si vous maintenez le système judiciaire actuel, en vain réformerez-vous les Codes; l'esprit de l'ancienne jurisprudence reparaîtra fatalement;

le préjugé, la routine, l'ignorance, la servilité, continueront à tenir la liberté en échec. Réorganisez, d'autre part, la magistrature, soit sur des bases analogues à celles de la juridiction consulaire, soit en généralisant l'institution du jury, tous vos efforts seront inutiles : vous aurez beau accumuler les projets, aucun n'aboutira, si vous ne refondez les Codes.

Mais la réorganisation judiciaire a d'autres dimensions que celle du Droit privé; elle touche aux premiers principes du Droit politique; elle est une des clefs de voûte de l'édifice social.

Permettez-moi, Messieurs, d'exprimer un vœu, puisque cette question m'en fournit l'occasion toute naturelle : je voudrais, pour ma part, que notre réunion ne considérât sa tâche comme accomplie, qu'après avoir successivement parcouru, à la lumière de l'idée de l'autonomie de l'individu, les divers cercles dans lesquels l'homme se meut; je souhaiterais qu'après avoir étudié les bases de la législation privée, elle s'élevât par degrés jusqu'à rechercher celles du Droit politique et même du Droit international.

Ne nous effrayons pas de la grandeur de l'entreprise : si nous avons la pensée de faire autre chose que de disserter tout théoriquement sur des sujets généraux, nous ne saurions néanmoins avoir la prétention de réglementer des détails d'application et d'élaborer de nouveaux Codes; nous venons préparer l'avènement d'une idée, essayer d'apporter notre pierre à la reconstitution de la synthèse sociale, affirmer enfin, malgré tant et de si cruelles déceptions, notre foi invincible dans l'œuvre de la Révolution française.

Et puis, sur le terrain de la liberté, il y a plus à déblayer qu'à créer, et ce qu'il y a à créer existe déjà à l'état d'éléments épars. Connaissons mieux notre propre tradition, dégageons-la complètement de l'alliage autoritaire, apportons-y le souffle qui féconde et l'unité qui coordonne; vous, nos aînés et nos maîtres, mettez-y spécialement la science et les supériorités de vos libres esprits; nous y mettrons tous l'amour de la vérité, cette force immense, qui seule est la révélatrice de l'idéal.

PLAN D'UN TRAVAIL DE REFONTE DU CODE CIVIL.

(Rapporteur : M. HEROLD.)

Nous ne voulons nous occuper que du *Droit civil* en prenant ce mot par opposition au *Droit politique.*

Mais le Droit politique est la garantie du Droit civil, et, de plus, le Droit civil n'est le plus souvent qu'une déduction des principes du Droit politique.

De là l'impossibilité de toucher au Droit civil, sinon sans établir, au moins sans supposer un certain Droit politique.

Nous supposons ce Droit.

Mais ce n'est pas encore assez. Tous les recueils de lois civiles commencent par un certain nombre de dispositions qui appartiennent à la fois au Droit politique et au Droit civil et qui sont la transition inévitable de l'un à l'autre. Je veux parler des règles relatives à la *promulgation des lois*, à leur *force exécutoire* et à leur *interprétation.* Cette matière est fort importante; nous nous proposons cependant de la laisser de côté quant à présent, afin d'arriver plus vite aux questions vitales que vous paraissez avoir le désir très-naturel d'étudier les premières.

Une autre observation préliminaire me semble encore nécessaire.

Logiquement, l'indication des principes primordiaux de *l'organisation judiciaire* et de la *compétence* devrait trouver sa place immédiatement après les généralités sur les lois. C'est au Droit politique qu'appartient la détermination des principales autorités chargées de mettre en action la législation; mais il importe beaucoup, pour l'application du Droit civil, de savoir à qui cette mise en action sera confiée. Nous croyons que la préoccupation de l'organisation judiciaire est, avec raison, dans l'esprit de beaucoup d'entre nous.

Cependant nous vous demandons d'ajourner l'examen de

la question de l'organisation judiciaire à la fin de nos travaux. Nous la considérerons comme se rapportant à la sanction du Droit civil, et en l'ajournant, nous éviterons de nous heurter tout d'abord à un ordre de difficultés qui sort un peu de notre objet principal.

Arrivons au plan de nos travaux immédiats.

L'homme naît et se développe dans la famille et dans la société ; il vit de la vie civile, travaille, acquiert, s'oblige ; puis il meurt et laisse son patrimoine à d'autres. Nous le suivrons dans les différentes situations que créent ces faits.

Une observation se place ici : les juristes distinguent avec soin *les droits* et *la preuve des droits*, et beaucoup d'entre eux essayent de séparer, autant que possible, ces deux matières, sans jamais parvenir à y réussir complètement. L'examen de certaines questions vous fera sentir plus tard la difficulté de cette distinction, qui tient à l'extrême importance de la question de la preuve dans un grand nombre de cas. Nous vous proposons, par une raison d'utilité pratique, de régler la preuve en même temps que le fond du droit, au fur et à mesure que le besoin s'en fera sentir.

L'ordre logique veut qu'on s'occupe d'abord de la *famille*. La famille, dans les sociétés civilisées, se fonde, au moins le plus régulièrement, par le mariage.

D'où notre première question : *le mariage*.

Comment le mariage se contracte-t-il ?

Entre quelles personnes?

Est-il susceptible de dissolution ? Comment peut-il être dissous ?

— Le divorce. — La séparation de corps.

Quels rapports civils le mariage crée-t-il entre les époux ?

Enfin, comment se prouve-t-il ?

Du mariage sortent la paternité et la maternité ou, d'un seul mot, la *filiation*. Le même fait peut se produire hors du mariage, avec ou sans la circonstance d'adultère.

Y a-t-il lieu de distinguer entre les diverses filiations :

Pour la preuve ?

Pour les obligations des parents envers leurs enfants et la situation de ceux-ci dans la famille ?

S'il y a lieu de distinguer, quelles doivent être les distinctions ?

Y a-t-il lieu de reconnaître, et dans quelles conditions, une filiation purement civile, l'*adoption* ?

L'enfant est né, il a ou il n'a pas de famille. Il est faible, il lui faut une protection et une direction. De là, la *puissance paternelle* et la *tutelle*.

La puissance paternelle soulève une question : celle de ses limites, quant à la personne, quant aux biens.

Même débat à propos de la tutelle, mais bien plus grave et sujet à beaucoup plus de difficultés de détail. Le tuteur a le pouvoir exécutif sous la direction, pour les cas importants, d'un corps législatif qui est le conseil de famille. D'où diverses questions d'attributions respectives. Inutile de poser ici ces questions : elles sont de détail par rapport à celles déjà indiquées, mais d'un intérêt pratique immense.

Ajoutons que la tutelle s'applique à d'autres qu'aux mineurs, aux *interdits*, et que c'est ici le lieu de soulever la grave question des *aliénés*, à l'égard desquels vous aurez à examiner si les garanties établies par la loi actuelle dans l'intérêt de la liberté générale sont suffisantes.

Enfin l'institution du *conseil judiciaire* vient compléter le chapitre de la protection due aux incapables.

Nous venons de voir l'homme dans les rapports de famille ; envisageons-le maintenant à l'état d'individu.

L'individu a une première manière d'être : il est *présent* ou *absent*. De là, deux lois nécessaires, celle qui concerne le domicile, celle qui concerne l'absence.

Le *domicile* ne donne lieu qu'à des difficultés de détail, de nature à être réservées aux juristes, à condition de les prémunir par de sévères avertissements contre leur manie ordinaire de tout réglementer.

L'*absence* soulève plus de questions importantes :

Comment sera-t-elle constituée?

Quelles conséquences aura-t-elle quant aux biens de l'absent? quant à son conjoint et à sa famille?

L'individu mêlé à la vie sociale se présente comme Français ou comme étranger. La matière de *la nationalité* aurait pu et même aurait dû être traitée avant celle de la famille par la double raison qu'elle se rattache essentiellement au Droit politique et que les règles qu'elle donne lieu d'établir régissent le Droit de famille comme toutes les autres branches du Droit. Mais j'ai cédé à l'entraînement de la réunion et au préjugé qui résulte de la décision par laquelle elle a donné la première place à la discussion sur le mariage. D'ailleurs la rigueur d'un ordre absolument scientifique ne s'impose pas à nous.

A propos de la nationalité nous aurons à nous demander : Comment elle s'acquiert et se perd?

Quelles différences elle peut légitimer entre les Français et les étrangers?

Le grand débat du *statut personnel* et du *statut réel* pourrait ici trouver sa place.

L'individu est prêt à entrer dans la vie civile. Avant de l'y suivre n'avons-nous pas à nous demander quels sont les droits qui lui appartiennent tout d'abord en sa seule qualité d'homme et avant tout acte, tout engagement, tout fait de nature à les restreindre. Peut-être quelques-uns d'entre nous seront-ils surpris d'apprendre que le Code civil garde un silence à peu près complet sur ce point. La *liberté individuelle*, la *liberté du travail et de l'industrie* méritaient cependant tout autant d'être consacrées et garanties par la loi que le principe de *la propriété* et la *liberté des conventions*.

Si le silence du Code pouvait être interprété par la maxime : « Tout ce qui n'est pas défendu est permis », je ne serais pas de ceux qui regretteraient ce silence. Malheureusement, dans notre pays, et sous l'empire des idées qui y dominent, il n'en est pas ainsi. Le Code est la loi supérieure peut-être, mais il n'est pas la seule loi : les lois accessoires pullulent, lois administratives, lois de détail, lois d'exception qui toutes ont la même force exécutoire que le Code. Or, c'est un fait d'expérience que tandis que ces lois se sont bien souvent fait un jeu des droits dont ne parlait pas le Code, elles ont respecté davantage ceux que le Code avait reconnus. Ainsi, il a fallu des lois pour établir *l'expropriation;* des mesures d'un d'ordre secondaire ont suffi pour la *transportation.* La liberté de l'homme est moins respectée que la propriété d'une motte de terre.

Il y a là, selon nous, une lacune à combler. Vous déciderez: j'ai indiqué quels étaient les points principaux à traiter, j'e n'y reviens pas.

Tous les actes de l'homme dans la vie civile tendent à l'acquisition et à la jouissance des biens. On peut s'occuper d'abord de ce qui concerne la jouissance, ensuite des modes d'acquérir.

La jouissance des biens est plus ou moins étendue : elle consiste dans des avantages de nature diverse. De là, la *propriété* et ses principaux démembrements, *l'usufruit,* les *servitudes,* enfin le *privilège retenu* dont nous renverrons l'étude à la matière des hypothèques pour raison d'utilité pratique.

Quant à la propriété, nous aurons à étudier jusqu'où s'étend le droit qu'elle confère et dans quelle mesure elle peut être restreinte dans l'intérêt public. La question de l'expropriation se présentera à ce moment.

Les dispositions relatives au *droit de chasse* et *de pêche,* à la propriété des *mines* ou autres biens d'une nature spéciale nous semblent inséparables de l'étude de la propriété.

Quant à l'usufruit et aux servitudes, ces matières ne peuvent guère donner lieu qu'à des règles de détail.

Nous vous proposerons de rattacher à la propriété le droit qu'on appelle (avec raison selon nous) *propriété artistique et litéraire.*

La question des *brevets d'invention* viendra naturellement à la suite.

Après la propriété, l'*indivision*, la *possession*, la *prescription*, nous paraissent solliciter votre examen.

Puis, nous arriverons aux modes d'acquisition proprement dits de la propriété. L'*occupation* et l'*accession* mises de côté, nous vous proposerons de commencer par les *contrats*.

Ici nous rencontrerons des règles générales et des règles spéciales.

Il nous sera sans doute plus facile de reconnaître les premières qu'il ne l'est de les apliquer.

La théorie de la *responsabilité*, des dommages-intérêts naissant, soit des contrats et des *quasi-contrats*, soit des *délits* et des *quasi-délits*, devra trouver sa place dans cette partie de notre travail.

Quant aux règles spéciales, elles nous feront étudier successivement :

La *vente et l'échange*, avec la question de l'action résolutoire;

Le *louage des choses* et le *louage d'ouvrage*, contrats à propos desquels nous aurons à nous occuper de la législation du *cheptel*, si vicieuse dans le Code, et du fameux article 1781, qui consacre encore la plus criante des inégalités;

Le *dépôt* ;

Le *mandat* ;

Le *prêt*.

Le prêt ouvrira un large champ à nos discussions; car, après avoir traité la question de l'intérêt, nous y rattacherons encore et nécessairement deux importantes matières :

Les *institutions de crédit* et les *garanties personnelles et matérielles* comprenant la *contrainte par corps*, le *cautionnement*, le *nantissement*, les *hypothèques*.

Les hypothèques, à elles seules, fournissent des questions de détail considérables : l'hypothèque légale, l'hypothèque judiciaire, la constatation publique des droits réels.

Aux divers contrats déjà énumérés, il faudra joindre le *change*, et par là nous pénétrerons dans le Droit commercial, ou plutôt nous ferons entrer dans nos études toute cette législation en nous demandant à ce moment s'il convient de maintenir la séparation qui existe entre les deux Droits.

La question des *preuves en matière civile* et *commerciale* viendra compliquer le débat, ou du moins en montrer une des faces les plus importantes.

Enfin, puisque nous parlerons des preuves, il faudra bien nous fixer sur les principes qui servent de base aux lois sur le *notariat* et sur l'*enregistrement*.

Vous jugerez si ce ne sera pas le cas de faire rentrer encore dans nos études une matière accessoire dont le mot d'enregistrement nécessite la mention. Le *droit fiscal* s'empare des conventions comme plus tard des successions et des donations : ne conviendra-t-il pas de fixer les principes à l'égard de ce droit? Pour nous, les considérations relatives à l'impôt qui frappe les diverses manifestations de la vie civile ne nous paraissent nullement étrangères à notre objet.

La matière du crédit et des garanties nous amènera à nous occuper des *déconfitures* et des *faillites*.

Jusqu'ici nous avons eu affaire à l'homme isolé. Les contrats nous le montrent aussi formant des groupes ou des associations.

L'association rudimentaire est celle qui résulte du mariage: elle nous donnera à étudier les divers *régimes matrimoniaux*, quant aux biens : la communauté, la dotalité, la séparation de biens. Vous verrez si le lien intime des choses ne devrait pas nous décider à nous occuper de cette matière aussitôt après nous être occupés de l'union des personnes. L'esprit de méthode peut et doit souvent céder, en matière de lois, à certains avantages pratiques.

La matière des *sociétés* appellera ensuite votre attention.

Les questions de détail abondent ici : elles sont trop à l'ordre du jour pour qu'il soit nécessaire d'en retracer le tableau. Je signale seulement la matière des sociétés comme nécessitant l'étude de la question des *personnes morales*, compliquée des préoccupations relatives aux *congrégations religieuses*.

Après les *sociétés*, nous placerions les *assurances* oubliées dans notre Code civil actuel.

La série des contrats terminée, il nous restera encore deux vastes questions à examiner : les *successions* et les *donations*.

Ici se présenteront les controverses sur la réserve et la quotité disponible, sur la liberté de tester, sur les substitutions et les majorats, sans compter bon nombre de questions accessoires.

Après quoi notre tâche sera terminée si nous la bornons à la révision du Code civil.

Mais aurons-nous achevé la carrière qu'il faudrait parcourir pour assurer à nos études le degré d'utilité que nous leur désirons? Non, si nous nous séparons sans avoir indiqué les grandes lignes de la *procédure civile*, qui, seule avec une bonne organisation judiciaire, peut assurer aux lois l'exécution, sans laquelle elles restent lettre morte.

Je m'arrête cependant, d'abord parce que j'excéderais la mission que j'ai reçue : ensuite et surtout, Messieurs, parce qu'à chaque jour suffit sa peine.

2e ET 3e SÉANCES.

(20 mai et 11 juin).

QUESTION DU DIVORCE (1).

(Rapporteur : M. Herold.)

Quatre opinions se sont produites :

Celle de l'indissolubilité absolue du mariage;

(1) Ont été présents à la discussion de cette question (7 et 20 mai) : MM. Jules Favre, Jules Simon, Vacherot, Courcelle-Seneuil, Joseph Garnier, André Cochut, docteur Clavel, Ch. Lemonnier, Frédéric Morin, Herold, Clamagéran, Jules Ferry, Jozon, Floquet, Paul Boiteau, Henri Brisson, Emile Acollas.

Ont voté contre le principe du divorce : MM. Jules Simon et Henri Brisson.

Celle de sa dissolubilité pour causes déterminées;

Celle de sa dissolubilité pour causes déterminées et par consentement mutuel;

Celle enfin de sa dissolubilité même par la volonté d'un seul des époux.

Les deux dernières opinions réclament d'ailleurs l'intervention de certaines garanties soumettant la volonté des époux à des épreuves sérieuses.

L'opinion de la dissolubilité absolue à la simple volonté des époux ou de l'un d'eux n'a été soutenue par personne.

La première opinion s'est basée, en dehors de l'idée catholique du sacrement qu'elle a nettement repoussée, sur la dignité du mariage, sur l'intérêt des enfants, sur celui de la société qui doit placer au-dessus de la pitié qu'inspirent les malheurs particuliers le respect d'une institution sur laquelle repose la famille.

On a répondu que le respect même du mariage et l'intérêt des enfants exigeaient le divorce. Le désordre dans le ménage, la mauvaise éducation des enfants nés du mariage, la privation d'une situation régulière pour ceux qui naissent en dehors du mariage, enfin le sacrifice de l'époux le plus méritant à la faute de l'autre, telles sont les conséquences de l'indissolubilité. L'observation des faits qui se passent tous les jours dans la société condamne le principe trop abstrait du mariage indissoluble. On s'est appuyé en ce sens de considérations tirées des législations et des mœurs des pays étrangers, ainsi que de l'histoire du divorce en France, sous le régime du Code civil, de 1804 à 1816.

L'opinion favorable au divorce a été admise à la presque unanimité.

Les condamnations à des peines graves pour délits du droit commun, l'adultère, les sévices et injures graves, ont été considérées comme devant être des causes de divorce.

On s'est demandé s'il ne fallait pas s'en tenir à ces seules causes, et deux membres de la réunion l'ont pensé.

La plupart ont cru que le consentement mutuel, auquel

plusieurs ont assimilé la volonté persévérante de l'un des époux, devait entraîner la dissolution du mariage pourvu que les volontés ne pussent pas céder à un caprice passager.

Pour empêcher les abus, on a proposé le retour à la procédure indiquée par le Code civil, qui pourrait même être fortifiée eneore par de nouvelles exigences. Cette opinion a prévalu.

4e SÉANCE.

(25 juin).

QUESTION DE L'ÉGALITÉ DU MARI ET DE LA FEMME (1).

(Rapporteur : M. Emile ACOLLAS.)

Un membre expose que cette question doit être étudiée sous le double point de vue des rapports de la femme avec le mari et des rapports de la femme avec les tiers. Il fait observer que le principe de la dissolubilité du mariage ayant été adopté dans la séance précédente, ce principe fournit à la fois une prémisse et une sanction à la doctrine de l'égalité et permet de la poser dans ces termes : l'égalité dans la liberté.

Cet exposé termine l'ordre de la discussion; elle s'engage d'ailleurs directement sur le chapitre VI du Code Napoléon. Réserve est préalablement faite de la question de l'autorité sur les enfants et de celle du régime matrimonial.

Au point de vue de la discipline intérieure du mariage, la réunion est d'abord unanime pour maintenir la formule de l'article 212 : « Les époux se doivent mutuellement fidélité, secours, assistance. »

Il y a même unanimité pour la suppression dans l'article 213 du devoir d'obéissance imposé à la femme.

---

(1) Ont été présents à la discussion de cette question (11 juin) : MM. Jules Favre, Vacherot, Courcelle-Seneuil, Joseph Garnier, André Cochut, docteur Clavel, Ch. Lemonnier, Herold, Clamageran, Jules Ferry, Paul Boiteau, Henri Brisson, Emile Acollas.

Cependant un membre est d'avis de continuer à déclarer, avec l'article 213, que le mari doit protection à sa femme; mais, lui répond-on, la protection est réciproque, quoique dissemblable; si on la consacre légalement pour le mari à l'égard de la femme il faut la consacrer de même pour la femme à l'égard du mari : la protection sans la réciprocité, c'est l'autorité sous une formule atténuée et, comme contre-partie, l'obéissance.

On se met d'accord pour effacer entièrement l'article 213.

La question du choix du domicile et de la résidence (art. 214) donne lieu à l'échange de nouvelles explications.

Un membre insiste sur l'idée que l'égalité des droits n'en implique point la similitude; le mari et la femme ont des fonctions et des obligations différentes, ils doivent avoir des droits différents : le mari est tenu de pourvoir à la subsistance du ménage et de la famille; c'est à lui qu'il appartient de déterminer le domicile et la résidence.

On répond que, vraie dans l'ordre abstrait, l'idée de la différence des fonctions, des obligations et des droits conduirait dans l'ordre de la loi civile à déterminer arbitrairement les rôles respectifs des hommes et des femmes, et amènerait dans la question du domicile et de la résidence la subordination effective de la femme; les causes de conflit qui existent aujourd'hui entre le mari et la femme tendront à disparaître dans un milieu social où le mariage sera assis sur son véritable fondement; il n'y a lieu dans ce cas, comme dans tous les autres de même sorte, que de s'en remettre à l'affection et à la raison des époux sans autre sanction que la possibilité du divorce.

Ces observations rallient tous les suffrages; le principe d'égalité dans les rapports des époux entre eux est affirmé d'une manière absolue.

En ce qui concerne les rapports de la femme mariée avec les tiers, la réunion pense unanimement qu'il convient d'abroger le principe général d'incapacité inscrit dans les articles 217 et suivants; historiquement, ce principe est issu de la tutelle perpétuelle des femmes du droit romain ; il forme un vestige d'une société détruite ; théoriquement, il heurte l'idé que la femme est un être capable de raison au même titre que l'homme, et partant apte comme lui à contracter des obligations et à disposer de son patrimoine ; il favorise enfin la fraude en permettant à la femme d'arguer de sa prétendue faiblesse pour faire annuler des engagements qu'elle a librement consentis.

Un membre désirerait que les époux fussent respectivement tenus de se dénoncer les procès qu'ils entendent soulever, mais il finit par reconnaître lui-même que la sanction de cette disposition serait difficile et que la mesure risquerait d'être illusoire ; il faut encore sur ce point s'en référer à la liberté.

En résumé, la réunion est unanime pour reconnaître à la femme comme à l'homme une personnalité autonome et pour proclamer la réciprocité des droits, des devoirs et l'équivalence des fonctions entre époux ; elle ne maintient dans le chapitre VI que l'article 212.

5e SÉANCE

(19 juillet.)

CONDITIONS AUXQUELLES LE MARIAGE PEUT ÊTRE VALABLEMENT CONTRACTÉ (1).

(Rapporteur : M. Emile ACOLLAS.)

A la suite de la lecture et de l'adoption du procès-verbal de la séance précédente, un membre demande à insister sur

(1) Ont été présents à la discussion de cette question (25 juin) : MM. Jules Favre, Vacherot, Joseph Garnier, André Cochut, docteur Clavel, Ch. Lemonnier, Frédéric Morin, Herold, Clamageran, Jules Ferry, Jozon, Paul Boiteau, Emile Acollas.

Ont voté contre la nécessité de l'abrogation absolue du consentement des ascendants : MM. Joseph Garnier, Jules Ferry et Jozon.

le devoir respectif de fidélité des époux; il invite la réunion à déclarer en termes exprès que ce devoir les oblige de la même manière et aussi strictement l'un que l'autre.

Il expose que la législation actuelle consacre sur ce point une double immoralité et une double iniquité. La loi civile, en matière de séparation de corps, et la loi pénale déploient contre l'adultère de la femme des rigueurs qu'elles atténuent pour le mari. La meilleure réforme de la disposition pénale serait de supprimer, comme inefficace, la répression de l'adultère; dans l'ordre civil, la simple infidélité du mari ou de la femme doit être regardée pour l'époux offensé comme constituant un motif suffisant de divorce ou de séparation de corps.

Ces observations obtiennent l'assentiment général.

Un autre membre émet même l'opinion que l'adultère du mari est de nature à comporter des conséquences sociales plus graves que celui de la femme. L'infidélité de la femme risque de faire entrer dans la famille des enfants qui n'appartiennent point au mari; c'est assurément là une cause de profonde perturbation; combien plus dommageable cependant l'infidélité qui peut entraîner la création d'une nouvelle famille, rivale de la légitime et forcément méconnue par la loi, sous peine d'anéantir le mariage monogame!

On fait remarquer d'ailleurs que la jurisprudence, tout en hésitant, a haussé à cet égard le niveau du Code Napoléon; le simple adultère du mari a été considéré, dans certaines espèces, comme une injure grave, motivant de la part de la femme une demande en séparation de corps.

Ces explications échangées, on absorbe la question de l'ordre du jour, c'est-à-dire l'examen des conditions auxquelles le mariage peut être valablement contracté (chap. I, t. V, C. N.).

Deux points se présentent en première ligne et sont successivement discutés : l'âge requis pour le mariage, la nécessité du consentement des parents et en général des ascendants.

Plusieurs membres sont d'avis de retarder l'époque à

laquelle la loi permettra le mariage; ils proposent de la fixer, sauf dispense, à dix-huit ans pour la femme, à vingt et un ans pour l'homme. Ils constatent que, dans l'état actuel de la législation et des mœurs, le mariage, pour la jeune fille en particulier, est rarement ce qu'il devrait être, un acte d'amour et de confiance, de raison et de volonté propre; il ne constitue d'ordinaire qu'une recherche frivole de l'indépendance, ou une soumission aveugle à l'autorité des parents, c'est-à-dire une abdication de la personnalité.

D'autres membres préféreraient maintenir l'âge fixé par le Code Napoléon. Ils adhèrent sans réserve aux idées et aux censures exprimées par la première opinion, mais, en législation, ils n'en déduisent pas la même conséquence. Ils estiment dangereux d'établir un désaccord trop flagrant entre le fait physiologique et le fait légal; ils redoutent la multiplication des dispenses et l'abus qui en résulterait : ils voient une atteinte à la liberté dans la disposition qui retarderait l'âge requis pour le mariage; le mieux, disent-ils, est de légiférer le moins possible, d'indiquer seulement des directions et de beaucoup remettre à l'éducation et aux mœurs.

La réunion se prononce en faveur de la première opinion Elle reporte à vingt et un ans pour l'homme, à dix-huit ans pour la femme, l'âge de l'aptitude légale au mariage.

On passe à la seconde question, celle de la nécessité du consentement des parents et autres ascendants.

On efface d'abord l'impertinent texte qui commence par exiger, dans des termes et à des conditions identiques, le consentement du père et de la mère, et qui ajoute, qu'en cas de dissentiment, le consentement du père seul suffit.

Puis, la discussion s'engage sur la nécessité même du consentement. Dans le système actuel, il y a une période où le mariage est possible, mais où le consentement des époux a besoin d'être aidé de celui des parents, des ascendants, ou même de la famille. L'homme n'est majeur pour le mariage qu'à vingt-cinq ans; la femme le devient, d'après la règle ordinaire, à vingt et un ans.

Au delà de ces deux limites, le mariage est, en réalité libre.

On propose de décider que l'homme et la femme, aptes à contracter mariage, ont immédiatement une capacité libre et ne sont soumis qu'à l'obligation de demander respectueusement, à tout âge, l'approbation de leur père et mère.

Un membre même est d'avis que cette obligation doit être retranchée et qu'elle irait à l'encontre du but qu'on se proposerait.

Plusieurs membres se déclarent partisans du système du Code Napoléon, en ce qui concerne la nécessité du consentement des père et mère. Ils invoquent la nature du mariage où se trouve en jeu, à côté de l'intérêt des époux, celui des enfants à naître, et par conséquent, disent-ils, un intérêt domestique et social exceptionnel et d'ordre supérieur.

Ces objections amènent un vif débat.

Les mœurs de la démocratie américaine ayant été mises en cause, un membre répond aux reproches qu'on leur a adressés; il en prend argument, au contraire, pour réfuter, avec l'autorité des faits, l'idée des préopinants; il estime que le mariage réclame avant tout l'existence d'un sentiment jeune, profondément personnel et pleinement libre. En reculant l'âge du mariage et en maintenant la nécessité de l'acte respectueux envers les père et mère, on rendra ce sentiment sérieux, réfléchi; c'est là le but que le législateur doit avoir en vue; c'est là aussi que se rencontrera la seule sauvegarde efficace de l'intérêt des enfants, de la famille et de la société.

Un autre membre invoque à l'appui le précédent du projet de la Convention; il fait observer que, dans la démocratie de l'avênir, la conscience pour chacun, en chaque acte, de la plénitude de sa responsabilité doit être l'âme de la vie social. Conviendrait-il de soustraire le mariage à cette loi?

D'autres considérations sont présentées dans le sens de la même opinion : on favorisera le développement de mœurs à la fois saines et viriles en ne faisant dépendre le mariage que de la volonté des futurs; l'homme, en particulier, certain de pouvoir disposer librement de sa personne à l'âge fixé par la loi, puisera dans cette certitude l'énergie qui rend le sentiment persévérant et capable des entreprises difficiles ; il acceptera et il accomplira de plus en plus cette règle morale qu'il doit à sa femme la même virginité de corps et de cœur qu'il exige d'elle.

La réunion abroge, à une forte majorité, la nécessité du consentement des père et mère. Elle est d'avis que l'homme et la femme soient déclarés libres de se marier à l'âge où la loi leur permettra le mariage, c'est-à-dire l'homme à vingt et un ans, et la femme à dix-huit ans ; cependant la majorité pense que l'homme et la femme doivent être tenus, à tout âge, d'adresser à leur père et mère, par honneur et respect, une demande d'approbation.

6e, 7e ET 8e SÉANCES.

(24 décembre, 7 et 14 janvier 1867.)

FILIATION LÉGITIME ET NATURELLE (1).

La réunion fut d'avis :

1° En ce qui concerne la filiation légitime, que la loi devrait déclarer l'action en désaveu recevable, toutes les fois qu'il y a adultère de la femme, abstraction faite de la circonstance du recel de la naissance (V. art. 313, C. N.).

2° En ce qui concerne la filiation naturelle, que les articles 335 et 340 devraient être abrogés, et que la recherche de la paternité hors du mariage devrait être admise.

Elle se divisa en deux groupes de nombre égal sur la question de savoir s'il y aurait lieu d'exiger un commencement de preuve pour l'admission de la recherche, ou de s'en remettre à l'appréciation discrétionnaire du tribunal.

(1) Le procès-verbal de ces séances n'ayant pas été rédigé, nous nous bornons à en constater les résultats.

2e APPENDICE

LEÇON INAUGURALE DU COURS DE DROIT CIVIL FRANÇAIS PROFESSÉ PAR L'AUTEUR A L'UNIVERSITÉ DE BERNE.

(23 novembre 1870.)

Messieurs,

Appelé par le gouvernement de Berne à l'honneur d'occuper dans cette Université la chaire de Droit civil français, je tiens tout d'abord à vous dire comment j'entends répondre à la confiance dont je suis l'objet, et comment je comprends mes devoirs envers vous.

Je viens, Messieurs, faire dans cette chaire œuvre de science entièrement libre et étudier avec vous les lois à la lumière de la philosophie.

Cette direction a été celle de toutes mes recherches, de tous mes travaux, de tout mon passé; ce sera celle de toute ma vie.

Et, dès le début, qu'il me soit permis, Messieurs, de rendre un public hommage à mon malheureux et glorieux pays. Quelle nation plus que la France a contribué à émanciper la raison humaine, et quelle nation a ouvert à l'investigation scientifique de plus larges horizons, de plus grandioses perspectives!

La France fut, au xviiie siècle, le flambeau du genre humain; c'est elle qui en a trouvé les vrais titres; c'est elle qui, j'ose le dire, a dévoilé à l'humanité et au monde la loi de leurs destinées, car c'est elle qui a su ériger en doctrine l'idée du Progrès.

Toutefois, ne craignez pas, Messieurs, que l'amour que je sens palpiter au fond de mon cœur pour ma patrie abattue et foulée aux pieds, trouble mon impartialité scientifique. Je sais et je suis fort loin de vouloir dissimuler tout ce que les autres nations ont entrepris et accompli pour l'immortelle cause de l'émancipation de l'esprit humain ; en Angleterre, dans l'ordre de la philosophie du Droit, Locke notamment a été un précurseur ; mais lorsqu'on glorifie l'affranchissement de la pensée, comment ne pas citer en première ligne Montesquieu, J.-J. Rousseau, Voltaire, les Encyclopédistes, Turgot, Condorcet ! Comment ne pas se rappeler le siècle étonnant dont l'effort s'est résumé dans la Révolution française !

Ah ! Messieurs, on pourra les renier et les insulter tant que l'on voudra, ce grand Dix-huitième siècle et cette grande Révolution française, qui, comme le disait l'Anglais Fox, fut celle du monde ; on pourra tenter d'en étouffer la semence sous la dévastation et sous le carnage ; pygmées aux prises avec le mouvement des choses, votre œuvre est d'un jour, le germe de la liberté ne cessera de grandir.

Messieurs, au point de vue de nos études, le Dix-huitième siècle et la Révolution française ont fait deux choses : ils ont promulgué la Loi et marqué le But ; c'est par eux que les générations savent aujourd'hui d'une manière certaine qu'elles marchent à la réalisation du droit libre, du droit égal pour tous.

Alors ont paru Kant, Krause, Fichte, Bentham, Hegel Gans, et la philosophie a essayé de pénétrer jusque dans le Droit technique ; mais, sans nier l'importance des résultats déjà obtenus, on peut affirmer néanmoins que, pour l'ensemble, la philosophie du Droit demeure un *desideratum*.

Et pourtant si jamais science eut besoin d'être renouvelée, quelle science jamais attesta mieux ce besoin que celle des lois ? Où trouva-t-on jamais entassés plus de débris informes, plus de traditions inintelligentes, plus de dogmes puérils et plus de sophismes ? Écoutez, Messieurs, le jugement qu'en portait, il y a quatre-vingts ans, Condorcet :

« Il ne s'agissait pas d'examiner un principe en lui-même, « mais d'interpréter, de discuter, de détruire, de fortifier

« par d'autre textes ceux sur lesquels on l'appuyait. On « n'adoptait pas une proposition, parce qu'elle était vraie, « mais parce qu'elle avait été écrite dans un tel livre, et « qu'elle avait été admise dans tel pays et depuis tel siècle.

« Ainsi partout l'autorité des hommes était substituée « à celle de la raison. »

Et les choses n'ont pas sensiblement changé, je dirais presque qu'elles sont devenues pires, si je me bornais à considérer le souffle de réaction qui s'est levé sur l'Europe et qui emporte vers le culte des plus vieilles idoles tant de juristes aveuglés.

Je m'arrête; ces quelques mots suffisent pour caractériser l'esprit dont je désire que mon enseignement soit empreint; si j'y réussis à ma guise, le cours de Droit civil français sera essentiellement philosophique et critique.

. . . .

. . . .

3° APPENDICE

L'ANTHROPOLOGIE ET LE DROIT.

A Messieurs les Membres de la Société d'Anthropologie de Paris.

MESSIEURS,

Je viens offrir à votre Société un exemplaire de mon *Commentaire philosophique et critique du Code Napoléon.* Ma pensée, par cet hommage, est d'attester le lien intime qui rattache la science du Droit, ou plus généralement toutes les sciences dites morales et politiques, à celle qui forme l'objet de vos préoccupations assidues, à l'histoire naturelle de l'homme.

Vos travaux, je ne l'ignore pas, Messieurs, sont avant tout empreints d'un esprit de patiente et minutieuse recherche, et peut-être me sera-t-il permis, à moi qui ai passé ma vie à analyser des faits et des idées, de louer cet esprit, car il est le véritable levier de la science; seul il est capable de fournir une base solide à la construction scientifique.

Mais, en même temps que je m'incline devant vos profondes et sagaces investigations, je sais qu'en m'adressant à vous, je ne m'adresse pas à de simples érudits, cantonnés dans des questions spéciales et désintéressés des autres problèmes qui agitent leur époque; ne suffit-il pas, en effet, de jeter les yeux sur votre assemblée pour se convaincre qu'elle compte en nombre dans ses rangs des hommes auxquels n'échappe pas la portée générale et sociale de la science anthropologique.

Pour ma part, je l'ai déjà proclamé bien des fois, si la Politique, c'est-à-dire la science des rapports sociaux naturels, nécessaires, si cette science, si grave pour les destinées du genre humain, est encore en quête de ses premiers principes, c'est que jusqu'ici on a pas vu suffisamment ce qu'est l'homme; c'est que faute de connaître suffisamment le sujet même de la science politique, faute d'étudier l'homme d'une manière scientifique dans sa nature et dans son passé, on n'a su jusqu'ici, pour orienter et pour diriger son avenir, qu'inventer des systèmes *à priori* où le sentiment propre et l'imagination jouaient un rôle prédominant.

Faisant toutefois une exception pour ce génie unique, Aristote, qui fut le plus grand naturaliste des temps antiques et qui en fut aussi le plus grand théoricien politique.

Aristote, en effet, avait compris que l'homme n'est point séparé par un abîme du reste des autres êtres, et que c'est la même méthode, à savoir l'induction, fondée sur l'observation de la nature, qui seule convient pour instituer la science de l'individu humain et celle du Tout dont il fait partie. Et certes je n'affirme qu'un fait bien incontestable en disant que c'est à cette méthode qu'Aristote a dû d'écrire sur la Politique un livre qui, même après tant de siècles, est demeuré le monument capital de la science politique et où, de nos jours encore, on peut puiser des théorèmes qui sont l'expression la plus achevée de la spéculation politique.

Vous le voyez donc, Messieurs, un ancêtre illustre a tracé la voie et vous avez de qui tenir. C'est qu'en effet, comment pourrait-il y avoir une science générale de la nature sans que cette science embrassât l'homme, et comment à son tour la science naturelle et générale de l'homme n'embrasserait-elle pas la science de la faculté sociable de l'homme?

Donc, en somme, l'Anthropologie, dans ses données fondamentales et dans ses conséquences nécessaires, renferme, comme un de ses chapitres, la science sociale ou politique.

Or, la science sociale ou politique a trois branches : la Morale, l'Économie politique, le Droit; donc encore chacune de ces branches, et le Droit en particulier, n'est séparable ni par son but ni par sa méthode de la science générale qui, à l'égard de l'homme, forme la souche et la tige, j'entends de l'Anthropologie.

Ce sont là des propositions qui ont toute l'évidence rationnelle possible, mais sur lesquelles, dans l'état présent de la science, il n'est pas inutile d'insister.

Le but de l'Anthropologie, quel est-il? D'éclairer la question de la nature et de l'origine de l'homme, de nous dire ce qu'il est et d'où il vient, par conséquent ce qu'il sera et où il va. L'Anthropologie tend donc finalement à nous fournir une norme, ou, si vous le voulez, une boussole, d'après laquelle nous nous dirigions, dans la mesure où notre nature nous dispose à le faire et à devenir maîtres de nous-mêmes.

Mais ce but grandiose de l'Anthropologie n'est-il pas précisément aussi celui de la science des droits et des devoirs de l'homme sanctionnés par la coercition sociale; or, qui dit droit et devoir dit par excellence une règle d'action ; donc, cette règle qui est la visée suprême de l'Anthropologie générale, est aussi celle de la science particulière du Droit technique.

Et ici je demande la permission de faire une remarque : sur cette question du but, de l'avenir de l'humanité, le

Droit, considéré dans son évolution, scruté dans ses profondeurs, peut être pour vous un auxiliaire unique; la Philosophie du Droit bâtit en effet sur des textes législatifs et elle nous offre ainsi sur la marche du genre humain non seulement les documents les plus positifs et les plus précis de tous, mais encore ceux qui ont le plus de portée générale,

Quant à la question des origines et des races, le Droit, j'en conviens, ne saurait prétendre l'éclairer d'un jour aussi direct que la Crâniologie et la Linguistique; mais si, comme ces deux sciences, il ne nous donne pas le moyen de nous avancer au delà même des commencements des civilisations, si, chez certains peuples, les institutions juridiques ont participé à un mouvement qui n'a point atteint, au même degré du moins, les caractères anatomiques et les langues, il y aurait cependant grave erreur à penser que l'archéologie juridique n'ait point aussi un contingent à apporter à la solution du problème des origines et des races. Beaucoup de peuples, en effet, sont demeurés stationnaires dans leurs institutions, ou, pour mieux dire, dans leurs usages juridiques, et l'Ethnologie a certainement son profit à faire des indications que recèle le Droit.

Que si, en attestant le but commun de la science générale de l'homme, de l'Anthropologie, et de la science particulière du Droit, j'ai dû réclamer pour le Droit une place qui ne lui a pas été suffisamment faite dans la Philosophie et dans l'Histoire (et cela, je m'empresse de le reconnaître, surtout par la faute des hommes adonnés à la culture spéciale de cette branche de la science), pour le procédé de construction scientifique au contraire, pour la méthode, le Droit a tout à recevoir de l'Anthropologie et des sciences naturelles. Depuis des siècles, vous, Messieurs les naturalistes, vous savez observer les faits et grouper ensemble ceux que vous constatez être de même ordre; puis, cette observation et ce groupement opérés, vous recherchez, toujours par l'observation directe et, s'il se peut dire ainsi, *de visu*, le rapport d'engendrement, la loi de causalité, et c'est alors seulement que vous posez une formule générale, une règle, Le Droit n'en est pas là, il s'en faut. Nous autres juristes, nous sommes les esclaves des traditions les plus surannées, des fables sociales ou religieuses les plus grossières, et, quand il nous arrive d'échapper à ces traditions et à ces fables, nous nous persuadons aisément que le Droit est un concept de pur arbitraire et qu'il ne relève que de nos passions et de nos caprices.

C'est là certes, pour la science juridique, une cause de retard et d'infériorité déplorable; pour tout ce qui est matière à science dans la nature, pour l'homme comme pour le reste, il n'y a qu'une méthode, et c'est la vôtre, je me plais à le redire, c'est la méthode inductive d'observation de la nature; ce n'est que par cette méthode que le Droit se régénérera et qu'il accomplira la partie de la tâche qui lui revient dans le grand œuvre de l'avancement général de l'homme.

Ainsi, Messieurs, nous sommes des alliés nécessaires, nous, uristes, cultivant une branche spéciale de la science de l'homme, vous, anthropologistes, reliant les différentes parties, embrassant l'ensemble, remontant jusqu'au point de départ et devant assigner la direction et le but.

Cette direction et ce but, est-il d'ailleurs impossible de les préciser dès à présent, et serait-ce manquer à cette prudence, à cette réserve scientifique que je préconisais en commençant, que de chercher à le faire? L'humanité n'a-t-elle pas déjà vécu un temps assez long sous une observation certaine, pour que, connaissant un anneau de la chaîne, nous ne soyons scientifiquement autorisés à essayer de dérouler la chaîne tout entière? Ou, en d'autres termes, les faits positivement connus de nous qui constituent la vie du genre humain dans le Passé ne sont-ils pas assez nombreux et assez constants pour que, sur ces faits, nous soyons en état d'asseoir une vaste induction et de fonder la loi de nos destinées?

Personne, je pense, ne niera que cela ne soit possible, que cela ne soit légitime, et que dans la contemplation du Passé, nous ne puissions puiser des vues certaines sur l'Avenir.

Or, en ce qui concerne la science sociale, deux principes

sont en lutte. L'un attribue à une minorité infime le droit de revendiquer à titre héréditaire le monopole des supériorités intellectuelles et morales; il enseigne que les sociétés doivent être à perpétuité organisées de manière à assurer la domination de cette minorité et qu'en conséquence la force sociale la plus considérable possible doit être remise en ses mains. L'autre veut, à l'inverse, éliminer le plus possible la coercition sociale; il professe que toutes les fonctions sont au concours et que chacun doit être classé selon l'aptitude qu'il prouve et selon son effort quotidien.

J'ai nommé l'autorité et la liberté.

Quelle thèse ou quelle hypothèse, dans ce débat d'une portée si considérable, adopteront de préférence les anthropologistes? Je vois ici, Messieurs, des monogénistes, des polygénistes, des transformistes ; mais je ne vois personne à qui les principes en Anthropologie commandent d'investir *à priori* une minorité du droit de régenter la masse; je ne vois, au contraire, que des hommes qui tous doivent être unis pour proclamer que chaque individu a le droit de se développer librement et que si, l'on veut amener progressivement l'établissement de l'ordre naturel dans les sociétés, il y a lieu de réduire progressivement la coercition sociale au minimum d'emploi possible.

L'avancement permanent de l'homme dans la liberté, tel est, en effet, le dernier mot de l'Histoire; tel est aussi, en particulier, celui du Droit, interrogé dans son passé et dans ses progrès.

Serait-on tenté de poser comme une objection la fatalité de la loi anthropologique? Ce serait là, Messieurs, bien mal concevoir cette fatalité, car (et je n'ai certes point à l'apprendre à des esprits aussi philosophiques que les vôtres) loin d'être destructive de notre liberté, elle en est le gardien le plus assuré; elle est l'inéluctable force naturelle qui, d'âge en âge, en accroît la puissance et en élargit les domaines ; loin de l'exclure, elle la comprend et elle la pousse en avant sur une mer dont jamais nous n'apercevrons les rivages.

D'ailleurs, en marchant, comme elle l'a fait, à la conquête du Passé le plus antique, l'Anthropologie a-t-elle recueilli des faits qui infirment ce que je viens de dire, et la Préhistoire, découverte par elle, est-elle destinée à changer l'orientation générale de la Philosophie de l'histoire? Nul évidemment, parmi vous, Messieurs, ne le prétendra, nul ne niera que chacun des âges de pierre, de bronze et de fer ne marque une étape nouvelle et plus avancée de l'humanité, et, qu'au moment où il entre dans l'Histoire, l'homme n'ait encore de beaucoup agrandi le cercle qui circonscrivait sa liberté aux âges antérieurs.

Par ces quelques mots se trouve tout expliqué l'hommage dont vous êtes l'objet, de ma part, Messieurs. J'ai voulu en effet, dans l'ordre si improprement appelé civil, introduire la méthode qui convient à toutes les sciences de la nature et d'après cette méthode, tracer l'esquisse d'un Droit qui rentrât dans la logique scientifique et devînt une section de la science naturelle de l'homme. Ce que je me suis proposé de faire dans l'ordre civil, je vais le tenter maintenant dans celui que, par la plus fausse des antithèses ou des séparations, on nomme aujourd'hui l'ordre politique, et qui n'est que l'ordre civil élargi aux dimensions de tout ce qui concerne, au point de vue du Droit, la vie sociale. Alors, j'espère, j'aurai réussi à mettre en pleine lumière cette vérité que le système social idéal est celui qui assurerait à chacun le développement le plus élevé, le plus large, le plus harmonique, en un mot le plus libre de son activité; alors j'aurai apporté, moi aussi, mon humble pierre à la construction de l'édifice de la science de l'homme et contribué à faire apparaître dans un jour nouveau l'unité de la science et du monde (1).

Veuillez, agréer, Messieurs, l'expression de mon profond respect.

Meudon, 5 octobre 1871.

Émile ACOLLAS,

Ancien professeur de droit français à l'Université de Berne,
Membre de la Société d'Économie politique de Paris.

(1) V. *Philosophie de la science politique*, publiée en 1877; aussi la Revue parue sous le titre de *Science politique* 1878 et 1879. 2 vol. in-8.

4e APPENDICE

CONSTITUTIONS DE L'ÉPOQUE DE LA RÉVOLUTION.

Un des buts de cet ouvrage étant de ramener le Droit à ses vraies sources, qui sont le XVIIIe siècle et la Révolution française, nous croyons indispensable de mettre ici sous les yeux des élèves l'analyse des Constitutions de la Révolution ; le Droit, ou, pour mieux dire, la connaissance humaine tout entière forme synthèse ; le Droit politique proprement dit et le Droit civil sont, au point de vue rationnel, des conceptions qui s'impliquent.

Avant le 2 décembre, il existait à l'École de Paris une chaire de Droit politique (chaire de Droit constitutionnel) ; c'était la seule qui d'ailleurs eût été établie en France ; depuis le 2 décembre, cette chaire même a disparu (1).

Dans un pareil état, lorsque l'enseignement du Droit politique devrait être organisé dans toutes les Écoles, au moins avec le même développement que celui du Droit civil, et que cependant cet enseignement n'existe pas, il y a une nécessité manifeste d'en résumer dès le début les principaux documents.

Les Assemblées de l'époque de la Révolution sont :

1° Les États généraux qui prirent les noms d'Assemblée nationale (17 juin 1789), et d'Assemblée constituante (20 juin 1789) (du 5 mai 1789 au 30 septembre 1791) ;

2° L'Assemblée législative (du 1er octobre 1791 au 21 septembre 1792) ;

3° La Convention nationale (du 21 septembre 1792 au 26 octobre 1795) ;

---

(1) Elle a été rétablie sous la République, et l'on a créé même dans d'autres Facultés des chaires de droit constitutionnel.

4° Le Conseil des Anciens et le Conseil des Cinq-Cents, tous les deux renouvelés chaque année par tiers (du 26 octobre 1795 au 18 brumaire).

Les Constitutions de l'époque de la Révolution sont :

1° La Constitution du 3 septembre 1791 ;

2° La Constitution du 24 juin 1793 ;

3° La Constitution du 5 fructidor an III.

I. — Constitution du 3 septembre 1791 (1).

Cette Constitution proclame que :

Le principe de toute souveraineté réside essentiellement dans la nation (art. 3, *Déclaration des Droits de l'homme et du citoyen*).

— Elle abolit irrévocablement les institutions qui blessent la liberté et l'égalité des droits, la noblesse, le régime féodal, la vénalité et l'hérédité des offices, les corporations ouvrières, les vœux religieux (Préambule de la Constitution).

Elle garantit une série de droits qu'elle qualifie de naturels et civils, ainsi :

---

(1) Les partisans de la monarchie constitutionnelle en France aiment à dater leurs origines de l'époque de la Constituante. Veut-on se rendre compte de l'illusion qu'ils se font à eux-mêmes ? Que l'on compare les Chartes de 1814 et de 1830 avec la Constitution du 3 septembre 1791, et l'on verra que ces Chartes sont de cent ans en retard sur cette Constitution.

Or, il en est des théories de la monarchie constitutionnelle comme de ses Chartes. Les Royer-Collard, les Guizot, les Thiers, n'ont pour ancêtres ni les Lameth, ni les Barnave, ni les Duport; ils datent des Mounier, des Bergasse, des Lally-Tollendal.

Le constitutionnalisme anglais, mal compris d'ailleurs, ou, pour mieux dire, la célèbre et puérile pondération des pouvoirs a été rejetée il y a quatre-vingts ans, en France, par la première Assemblée de la Révolution.

Pauvre France nouvelle qui, en ce siècle, n'a fait à peu près que rétrograder en matière de gouvernement !

L'admissibilité de tous les citoyens aux places et fonctions publiques;

La répartition des contributions entre tous les citoyens également en proportion de leurs facultés;

La liberté à tout homme d'aller, de rester, de partir sans pouvoir être arrêté, ni détenu, que selon les formes déterminées par la Constitution;

La liberté à tout homme de parler, d'écrire, de publier et imprimer ses pensées, sans que ses écrits puissent être soumis à aucune censure ni inspection avant leur publication, et d'exercer le culte religieux auquel il est attaché

La liberté aux citoyens de s'assembler paisiblement et sans armes, en satisfaisant aux lois de police, etc. (art. 1er, tit. Ier).

Au point de vue des pouvoirs, elle établit les bases principales suivantes :

1° La Constitution est représentative : les représentants sont le Corps législatif et le Roi;

2° Le pouvoir législatif est délégué à une Assemblée nationale, composée de représentants temporaires, librement élus par le peuple, pour être exercé par elle, avec la sanction du Roi;

3° Le Gouvernement est monarchique; le pouvoir exécutif est délégué au Roi, pour être exercé sous son autorité, par des ministres et agents responsables;

4° Le pouvoir judiciaire est délégué à des juges élus à temps par le peuple (art. 2-5, tit. III).

ASSEMBLÉE NATIONALE LÉGISLATIVE.

L'Assemblée nationale législative est permanente, et composée d'une seule Chambre;

Elle doit être renouvelée tous les deux ans;

Elle se renouvelle de plein droit;

Elle ne peut être dissoute par le Roi (art. 1-5, ch. 1er, tit. III).

Le nombre des Représentants est de sept cent quarante-cinq (art. 1er, sect. 1re ch. 1er, tit. III).

Les représentants sont dis tribués entre les quatre-vingt-trois départements, selon les trois proportions du territoire, de la population, et de la contribution directe (art. 2, sect., 1re ch. 1er, tit. III).

L'élection est à deux degrés.

Les assemblées primaires sont composées de tous les citoyens actifs; elles se réunissent de plein droit, si elles ne sont pas régulièrement convoquées par les fonctionnaires que la loi désigne.

Pour être citoyen actif, il faut :

Être né ou devenu Français;

Être âgé de vingt et un ans accomplis;

Être domicilié dans la ville ou dans le canton depuis le temps déterminé par la loi;

Payer, dans un lieu quelconque du Royaume une contribution directe au moins égale à la valeur de trois journées de travail, et en représenter la quittance;

N'être pas dans un état de domesticité, c'est-à-dire de serviteur à gages;

Être inscrit dans la municipalité de son domicile, au rôle des gardes nationales;

Avoir prêté le serment civique (art. 1 et 2, sect. 2, ch. 1er, tit. III).

Les assemblées électorales se forment de plein droit, comme les assemblées primaires, si elles ne sont pas régulièrement convoquées par les fonctionnaires que la loi désigne (art. 1er, sect. 3, ch. 1er, tit. III).

Tous les citoyens actifs peuvent être élus représentants de la nation; il n'y a d'exception que pour :

Les agents du pouvoir exécutif;

Les administrateurs et commandants des gardes nationales;

Les juges.

Ces derniers doivent être remplacés par leurs suppléants, pendant toute la durée de la législature (art. 3-5, sect. 3, ch. 1er, tit. III).

Entre autres fonctions, le Corps législatif exerce celles :

De proposer et de décréter les lois, le Roi peut seulement inviter le Corps législatif à prendre un objet en considération ;

De décréter la guerre, la paix, les alliances ;

De conclure les traités de commerce (art. 1-3, sect. 1er, ch. III, tit. III).

Le Corps législatif a le droit de déterminer le lieu de ses séances ;

Il a aussi celui de disposer, pour sa sûreté et pour le maintien du respect qui lui est dû, des forces, qui, de son consentement, seront établies dans la ville où il tiendra ses séances (art. 4, sect. 1re, ch. III, tit. III).

Le Roi peut refuser son consentement aux décrets du Corps législatif.

S'il refuse, ce refus n'est que suspensif.

Lorsque les deux législatures qui suivent celle qui a presenté le décret l'ont représenté dans les mêmes termes, le roi est censé avoir donné la sanction (art. 1-2, sect. 2, ch. III, tit. III).

ROYAUTÉ.

Le Roi, à son avènement au trône, prête serment à la nation et à la loi (art. 4, sect. 1re, ch. II, tit. III).

Le Roi est censé avoir abdiqué la Royauté dans les cas suivants:

Si un mois après l'invitation du Corps législatif il n'a pas prêté le serment exigé par la Constitution, ou si après l'avoir prêté, il le rétracte ;

S'il se met à la tête d'une armée et en dirige les forces contre la nation, ou s'il ne s'oppose pas par un acte formel à une entreprise qui s'exécuterait en son nom;

Si étant sorti du royaume, il n'y rentre pas, après l'invitation qui lui serait faite par le Corps législatif, et dans le délai qui sera fixé par la proclamation, lequel ne pourra être moindre de deux mois (art. 5-7, sect. 1re, ch. II. tit. III).

Au Roi seul appartient le choix et la révocation des ministres (art. 1er, sect. 4, ch. II, tit. III).

Les ministres sont responsables de tous les délits par eux commis contre la sûreté nationale et la Constitution;

De tout attentat à la propriété et à la sûreté individuelle;

De toute dissipation des deniers destinés aux dépenses de leur département (art. 5, sect. 4, ch. II, tit. III).

Le Roi est le chef supérieur de l'Administration générale du royaume;

Il est le chef suprême de l'armée de terre et de l'armée navale (art. 1er, ch. VI, tit. III).

Le pouvoir exécutif est enfin chargé de faire sceller les lois du sceau de l'État et de les faire promulguer.

Il est chargé également de faire promulguer et exécuter les actes du corps législatif qui n'ont pas besoin de la sanction du Roi (art. 1er, sect. 1re, ch. IV, tit. III).

Il ne peut faire aucune loi, même provisoire, mais seulement des proclamations conformes aux lois pour en ordonner ou en rappeler l'exécution (art. 6, sect. 1re, ch. IV, tit. III).

POUVOIR JUDICIAIRE.

Le pouvoir judiciaire ne peut, en aucun cas, être exercé par le Corps législatif, ni par le Roi.

La justice doit être rendue gratuitement par des juges élus à temps par le peuple, et institués par lettres patentes du Roi, qui ne peut les refuser.

L'accusateur public doit également être nommé par le peuple (art. 1 et 2, ch. v, tit. III).

Les tribunaux ne peuvent ni s'immiscer dans l'exercice du pouvoir législatif ni faire aucune entreprise sur les fonctions administratives (art. 3, ch. v, tit. III).

Un seul tribunal de cassation doit être établi pour tout le royaume auprès du Corps législatif (art. 19, ch. v, tit. III).

Une haute Cour nationale doit connaître des délits des ministres et agents principaux du pouvoir exécutif, et des crimes attentatoires à la sûreté générale de l'État, lorsque le Corps législatif a rendu un décret d'accusation (art. 23, ch. v, tit. III).

FORCE PUBLIQUE.

Elle est composée :

De l'armée de terre et de mer ;

De la troupe spécialement destinée au service intérieur

Et subsidiairement des citoyens actifs et de leurs enfants en état de porter les armes, inscrits sur le contrôle de la garde nationale (art. 1 et 2, tit. IV).

CONTRIBUTIONS PUBLIQUES.

Elles doivent être délibérées et fixées chaque année par le Corps législatif et ne peuvent subsister au delà du dernier jour de la session suivante, si elles n'ont pas été expressément renouvelées.

ADMINISTRATION INTÉRIEURE, C'EST-A-DIRE DES DÉPARTEMENTS, DISTRICTS ET COMMUNES.

La Constitution consacre le principe électif (art. 9, tit. II, art. 2. sect. 2, ch. IV, tit. III).

Elle détermine les règles de subordination des agents élus

et déclare une fois de plus la prédominance du Corps législatif sur la royauté (art. 5-8, sect. 2., ch. IV, tit. III).

Le traitement des ministres du culte catholique pensionnés, conservés, élus ou nommés en vertu des décrets de l'Assemblée nationale constituante, est déclaré faire partie de la dette nationale (art. 1 et 2, tit. V).

RAPPORTS DE LA NATION FRANÇAISE AVEC LES NATIONS ÉTRANGÈRES.

La nation française renonce à entreprendre aucune guerre dans la vue de faire des conquêtes et n'emploiera jamais ses forces contre la liberté d'aucun peuple (tit. VI).

REVISION DE LA CONSTITUTION.

L'Assemblée nationale constituante déclare que la nation a le droit imprescriptible de changer sa constitution.

II. — Constitution du 24 juin 1793 (1).

Cette Constitution commence par poser les principes suivants :

1° La souveraineté réside dans le peuple; elle est une et indivisible, imprescriptible et inaliénable;

2° Aucune portion du peuple ne peut exercer la puissance du peuple entier; mais chaque section du souverain, assemblée, doit jouir du droit d'exprimer sa volonté avec une entière liberté ;

3° Un peuple a toujours le droit de revoir, de réformer et de changer sa constitution ; une génération ne peut assujettir à ses lois les générations futures ;

---

(1) Comparer cette grande Constitution avec le plan présenté à la Convention nationale, au nom du Comité de Constitution par Condorcet (15 et 16 février 1793).

V. notre *Philosophie de la science politique*, Paris, 1877, 1 vol. in-8.

4° Chaque citoyen a un droit égal de concourir à la formation de la loi et à la nomination de ses mandataires ou de ses agents ;

5° Les fonctions publiques sont essentiellement temporaires ; elles ne peuvent être considérées comme des distinctions ni comme des récompenses ,mais comme des devoirs.

6° Les délits des mandataires du peuple et de ses agents ne doivent jamais être impunis ; nul n'a le droit de se prétendre plus inviolable que les autres citoyens.

7° La résistance à l'oppression est la conséquence des autres droits de l'homme (art. 25, 26, 28, 29, 30, 31, 33, *Déclaration des droits de l'homme et du citoyen*).

Le Gouvernement est républicain.

La République française est une et indivisible (art. 1er).

Le peuple français est distribué, pour l'exercice de sa souveraineté, en assemblées primaires de cantons.

Il est distribué, pour l'administration et pour la justice, en départements, districts, municipalités (art. 2 et 3).

Tout homme né et domicilié en France, âgé de vingt et un ans accomplis, est citoyen français.

Tout étranger, âgé de vingt et un ans accomplis et domicilié en France depuis une année, acquiert la qualité de citoyen français à des conditions déterminées (art. 4).

Tout citoyen, pour faire partie des assemblées primaires d'un canton, doit être domicilié depuis six mois dans le canton (art. 11).

Le peuple exerce immédiatement sa souveraineté pour le choix de ses députés.

Il délègue à des électeurs le choix des administrateurs, des arbitres publics, des juges criminels et de cassation.

Il délibère lui-même sur les lois (art. 8, 9, 10).

La population est la seule base de la représentation (art. 21).

Le peuple s'assemble tous les ans, le 1er mai, pour les élections (art.32).

Les assemblées primaires se forment extraordinairement sur la demande du cinquième des citoyens qui ont droit d'y voter.

La convocation se fait alors par la municipalité du lieu ordinaire du rassemblement (34 et 35).

CORPS LÉGISLATIF.

Le Corps législatif est un, indivisible et permanent.

Sa session est d'un an (art. 39 et 40).

Il propose les lois et rend les décrets (art. 53).

L'acte de déclaration de guerre est du nombre des lois (art. 54).

Le vote final des lois appartient aux assemblées primaires (art. 58-60).

CONSEIL EXÉCUTIF.

Le Conseil exécutif est composé de vingt-quatre membres.

L'assemblée électorale de chaque département nomme un candidat; le Corps législatif choisit sur la liste générale les membres du Conseil.

Il est renouvelé par moitié à chaque législature, dans le dernier mois de sa session (art.62-64).

Le Conseil est chargé de la direction et de la surveillance de l'administration générale; il ne peut agir qu'en exécution des lois et des décrets du Corps législatif (art.65).

JUSTICE.

1° JUSTICE CIVILE.

Les citoyens ont toujours le droit de nommer des arbitres pour juger de leurs différends.

Il existe, en outre :

Des juges de paix élus par les citoyens des arrondissements déterminés par la loi ;

Des arbitres publics élus par les assemblées électorales ;

Ces arbitres délibèrent en public;

Ils opinent à haute voix ;

Ils statuent en dernier ressort;

La procédure ne consiste que dans les défenses verbales ou dans de simples mémoires; elle est sans frais ;

Les juges de paix et les arbitres publics sont élus tous les ans par les assemblées électorales (art. 86-95).

2° JUSTICE CRIMINELLE.

Aucun citoyen ne peut être jugé que sur une accusation reçue par un jury ou décrétée par le Corps législatif.

Il y a, en outre, un jury de jugement (art. 96).

Les juges criminels, comme les juges de paix et les arbitres publics, sont élus tous les ans par les assemblées électorales (art. 97).

TRIBUNAL DE CASSATION.

Les membres de ce tribunal sont élus tous les ans par les assemblées électorales (art. 100).

CORPS ADMINISTRATIFS ET MUNICIPAUX.

Il y a, dans chaque commune de la République, une administration municipale.

Dans chaque district, une administration intermédiaire.

Dans chaque département, une administration centrale (art. 78).

Les officiers municipaux sont élus par les assemblées de commune.

Les administrateurs sont nommés par les assemblées électorales de département et de district.

Les municipalités et les administrations sont renouvelées tous les ans par moitié (art.79-81).

FORCE DE LA RÉPUBLIQUE.

La force générale de la République est composée du peuple entier.

La République entretient à sa solde, même en temps de paix, une force armée de terre et de mer.

Tous les Français sont soldats, ils sont tous exercés au maniement des armes.

Il n'y a point de généralissime.

La différence des grades, leurs marques distinctives et la subordination ne subsistent que relativement au service et pendant sa durée (art. 107-111).

CONVENTIONS NATIONALES.

Si dans la moitié des départements, plus un, le dixième des assemblées primaires de chacun d'eux, régulièrement formées, demande la révision de l'Acte constitutionnel, ou le changement de quelques-uns de ses articles, le Corps législatif est tenu de convoquer toutes les assemblées primaires de la République, pour savoir s'il y a lieu à une Convention nationale (art. 115).

RAPPORTS DE LA RÉPUBLIQUE FRANÇAISE AVEC LES NATIONS ÉTRANGÈRES.

Le peuple français est l'ami et l'allié naturel des peuples libres.

Il ne s'immisce point dans le Gouvernement des autres nations; il ne souffre pas que les autres nations s'immiscent dans le sien (art. 118 et 119).

GARANTIE DES DROITS.

La Constitution garantit à tous les Français l'égalité, la liberté, la sûreté, la propriété, la dette publique, le libre exercice des cultes, une instruction commune, des secours publics, la liberté indéfinie de la presse, le droit de pétition, le droit de se réunir en sociétés populaires, la jouissance de tous les droits de l'homme (art. 122).

III. — Constitution du 5 fructidor an III (1).

Cette Constitution affirme d'abord des droits et des devoirs.

Au point de vue des droits, elle déclare que :

La souveraineté réside essentiellement dans l'universalité des citoyens (art 17).

Au point de vue des devoirs, elle déclare que :

CALENDRIER RÉPUBLICAIN.

(1) Le calendrier républicain fut substitué à celui de Jules César et de Grégoire XIII par un décret du 24 novembre 1793.

Il était l'œuvre à la fois des astronomes Lalande et Laplace, du mathématicien Romme et du littérateur Fabre d'Eglantine.

Voici l'économie de ce calendrier :

L'année républicaine commençait au 22 septembre, jour où tombait l'équinoxe d'automne, et date de la proclamation de la République.

Cette année se composait de douze mois; chacun de ces mois était divisé en trois dizaines ou décades, chaque jour en dix heures, chaque heure en dix parties, chacune de ces parties se divisait à son tour de la même manière et ainsi de suite indéfiniment.

En général cinq jours complémentaires à la fin de chaque année, et exceptionnellement six, tous les quatre ans étaient ajoutés aux douze mois.

Corrélation du calendrier républicain avec le calendrier grégorien.

1er Vendémiaire. . .	22 septembre.	1er Germinal.	22 mars.
1er Brumaire	22 octobre.	1er Floréal..	21 avril.
1er Frimaire.	21 novembre.	1er Prairial.	21 mai.
1er Nivôse	21 décembre.	1er Messidor.	20 juin.
1er Pluviôse	20 janvier.	1er Thermidor.	20 juillet.
1er Ventôse	20 février.	1er Fructidor.	19 août.

La royauté ayant été abolie le 21 septembre 1792, il fut décidé qu'une nouvelle ère remplacerait l'ère chrétienne et aurait pour point de départ le premier jour de la République, le 22 septembre 1792.

Le sénatus-consulte du 22 fructidor an XIII remit en vigueur le calendrier grégorien à partir du 1er janvier 1806 (11 nivôse an XIV).

Le calendrier républicain et l'ère républicaine durèrent ainsi treize ans et cent jours (V. au sujet du calendrier républicain, Michelet, *Histoire de la Révolution française*, et une intéressante notice de M. Marc Dufraisse, *Almanach de l'encyclopédie générale*, 1re année 1869).

Tous les devoirs de l'homme et du citoyen dérivent de ces deux principes gravés par la nature dans tous les cœurs :

Ne faites pas à autrui ce que vous ne voudriez pas qu'on vous fît;

Faites constamment aux autres le bien que vous voudriez en recevoir (art. 2.)

La Constitution de la France est républicaine ;

La République française est une et indivisible (art. 1er).

Pour être citoyen français, il faut être né et résider en France, être âgé de vingt et un ans accomplis, s'être fait inscrire sur le registre civique de son canton, avoir demeuré depuis pendant une année sur le territoire de la République, et payer une contribution directe, foncière ou personnelle (art. 8, tit. II).

La faculté de devenir citoyen français est considérablement restreinte pour l'étranger (art. 10, tit II).

Les assemblées primaires se composent des citoyens domiciliés depuis une année dans le même canton (art. 17, tit III). Ces assemblées se réunissent de plein droit le 1er germinal de chaque année, et procèdent, selon qu'il y a lieu, à la nomination :

1° Des membres de l'assemblée électorale ;

2° Du juge de paix et de ses assesseurs ;

3° Du président de l'administration municipale du canton, ou des officiers municipaux dans les communes au-dessus de cinq mille habitants (art. 27, tit. III).

Immédiatement après les élections, il se tient, dans les communes au-dessous de cinq mille habitants, des assemblées communales qui élisent les agents de chaque commune et leurs adjoints (art. 27, tit. III).

Les assemblées électorales se réunissent de plein droit le 20 germinal de chaque année (art. 36, tit. VI).

Elles élisent, selon qu'il y a lieu :

1° Les membres du Corps législatif; savoir : les membres du Conseil des Anciens, ensuite les membres du Conseil des Cinq-Cents;

2° Les membres du tribunal de cassation;

3° Les hauts jurés;

4° Les administrateurs du département;

5° Les président, accusateur public, et greffier du tribunal criminel;

6° Les juges des tribunaux civils (art. 41, tit. IV).

POUVOIR LÉGISLATIF.

Le Corps législatif est composé d'un Conseil des Anciens et d'un Conseil des Cinq-Cents;

L'un et l'autre Conseil sont renouvelés tous les ans par tiers :

Les membres sortants, après trois années, peuvent être immédiatement réélus pour les trois années suivantes, après quoi un intervalle de deux ans est nécessaire pour qu'ils puissent être élus de nouveau (art. 44, 53 et 54, tit. V).

Le Corps législatif est permanent; il peut néanmoins s'ajourner à des termes qu'il désigne (art. 54, tit. V).

CONSEIL DES CINQ-CENTS.

La proposition des lois appartient exclusivement au Conseil des Cinq-Cents;

Les propositions, adoptées par le Conseil des Cinq-Cents, s'appellent *résolutions* (art. 76 et 79, tit. V).

CONSEIL DES ANCIENS.

Il appartient exclusivement au Conseil des Anciens d'approuver ou de rejeter les résolutions du Conseil des Cinq-Cents.

Les *résolutions* du Conseil des Cinq-Cents, adoptées par le Conseil des Anciens, s'appellent *lois* (art. 86 et 92, tit. V).

Le projet de loi rejeté ne peut plus être présenté par le Conseil des Cinq-Cents qu'après une année révolue (art. 99, tit. V).

Les deux Conseils résident toujours dans la même commune.

Le Conseil des Anciens peut changer la résidence du Corps législatif (art. 58 et 109, tit. V).

L'un des Conseils ne peut s'ajourner au delà de cinq jours, sans le consentement de l'autre (art. 127, tit. V).

POUVOIR EXÉCUTIF.

Le pouvoir exécutif est délégué à un Directoire de cinq membres, nommés par le Corps législatif, faisant alors les fonctions d'Assemblée électorale, au nom de la nation.

Le Conseil des Cinq-Cents forme, au scrutin secret, une liste décuple du nombre des membres du Directoire qui sont à nommer, et la présente au Conseil des Anciens, qui choisit aussi au scrutin secret dans cette liste (art. 132 et 133, tit. VI).

Les membres du Directoire ne peuvent être pris que parmi les citoyens qui ont été membres du Corps législatif, ou ministres, et qui en même temps ont cessé d'exercer ces mêmes fonctions depuis un laps de temps de plus d'une année (art. 135 et 136, tit. VI).

Le Directoire est partiellement renouvelé, par l'élection d'un nouveau membre, chaque année.

Aucun des membres sortants ne peut être réélu qu'après un intervalle de cinq ans (137 et 138, tit. VI).

Chaque membre du Directoire le préside à son tour pendant trois mois seulement (art. 141, tit. VI).

Le Directoire pourvoit, d'après les lois, à la sûreté extérieure ou intérieure de la République ;

Il dispose de la force armée, sans qu'en aucun cas, le Directoire collectivement, ni aucun de ses membres, puisse la commander, ni pendant le temps de ses fonctions, ni pendant les deux années qui suivent immédiatement l'expiration de ces mêmes fonctions;

Il nomme les généraux en chef;

Il nomme hors de son sein les ministres et les révoque, lorsqu'il le juge convenable (art. 144, 146 et 148, tit. VI).

Le Directoire est tenu, chaque année, de présenter, par écrit, à l'un et à l'autre Conseil, l'aperçu des dépenses, la situation des finances, l'état des pensions existantes, ainsi que le projet de celles qu'il croit convenable d'établir;

Il doit indiquer les abus qui sont à sa connaissance (art. 162, tit. VI).

Le Directoire réside dans la même Commune que le Corps législatif (art. 171, tit. VI).

CORPS ADMINISTRATIFS ET MUNICIPAUX.

Il y a dans chaque département une administration centrale, et dans chaque canton une administration municipale au moins (art. 174, tit. VII).

Chaque administration de département est composée de cinq membres; elle est renouvelée par cinquième tous les ans (art. 177, tit. VII.)

Toute commune dont la population s'élève depuis cinq mille habitants jusqu'à cent mille, a pour elle seule une administration municipale (art. 178, tit. VII).

Il y a dans chaque commune, dont la population est inférieure à cinq mille habitants, un agent municipal et un adjoint.

La réunion des agents municipaux de chaque commune forme la municipalité de canton.

Il y a de plus un président de l'administration communale, choisi dans tout le canton (art. 179, 180 et 181. tit. VII).

Dans toutes les communes dont la population s'élève de cinq à dix mille habitants, il y a cinq officiers municipaux;

Sept, depuis dix mille jusqu'à cinquante mille;

Neuf, depuis cinquante mille jusqu'à cent mille.

Dans les communes dont la population excède cent mille habitants, il y au moins trois administrations municipales;

Dans ces communes, la division des municipalités se fait de manière que la population de l'arrondissement de chacune n'excède pas cinquante mille individus, et ne soit pas moindre de trente mille;

La municipalité de chaque arrondissement est composée de sept membres (art. 182, tit. VII).

Il y a, dans les communes divisées en plusieurs municipalités, un bureau central pour les objets jugés indivisibles par le Corps législatif (art. 184, tit. VII).

Les membres de toute administration municipale sont nommés pour deux ans, et renouvelés chaque année par moitié ou par partie la plus approximative de la moitié, et alternativement par la fraction la plus forte et par la fraction la plus faible (art. 186, tit. VII).

Le Directoire exécutif nomme, auprès de chaque administration départementale et municipale, un commissaire qu'il révoque, lorsqu'il le juge convenable.

Le commissaire surveille et requiert l'exécution des lois (art. 191, tit. VII).

Les administrations municipales sont subordonnées aux administrations de département, et celles-ci aux ministres.

En conséquence, les ministres peuvent annuler, chacun dans sa partie, les actes des administrations de département, et celles-ci, les actes des administrations municipales, lorsque ces actes sont contraires aux lois ou aux ordres des autorités supérieures.

Les ministres peuvent aussi suspendre les administrations de département qui ont contrevenu aux lois ou aux ordres des autorités supérieures, et les administrations de département ont le même droit à l'égard des membres des administrations municipales.

Aucune suspension ni annulation ne devient définitive sans la confirmation formelle du Directoire exécutif (art. 193, 195, tit. VII).

Le Directoire exécutif peut aussi annuler immédiatement les actes des administrations départementales ou municipales ;

Il peut suspendre ou destituer immédiatement lorsqu'il le croit nécessaire, les administrateurs, soit de département, soit de canton, et les envoyer devant les tribunaux de département, lorsqu'il y a lieu (art. 196, tit. VII).

POUVOIR JUDICIAIRE.

Le principe de la gratuité de la justice et celui de l'élection des juges sont de nouveau consacrés (art. 205, 212, 216, 259, 272).

JUSTICE CIVILE.

Les parties sont libres de choisir des arbitres ;

Il y a, dans chaque arrondissement, déterminé par la loi, un juge de paix et ses assesseurs ;

Il y a, en outre, un tribunal civil par département ;

Chaque tribunal civil est composé de vingt juges au moins, d'un commissaire et d'un substitut nommés et destituable par le Directoire exécutif, et d'un greffier (art. 210, 213, 216, tit. VIII).

JUSTICE CORRECTIONNELLE ET CRIMINELLE.

Il y a dans chaque département, pour le jugement des délits dont la peine n'est ni afflictive, ni infamante, trois tribunaux correctionnels au moins, et six au plus.

Chaque tribunal correctionnel est composé d'un président de deux juges de paix ou assesseurs de juges de paix de la commune où il est établi, d'un commissaire du pouvoir exécutif, nommé et destituable par le Directoire exécutif et d'un greffier (art. 233 et 234, tit. VIII).

Il y a, au criminel, deux jurys, l'un pour l'accusation, l'autre pour le jugement ;

Les fonctions de commissaire du pouvoir exécutif et de greffier près le directeur du jury d'accusation sont remplie par le commissaire et par le greffier du tribunal correctionnel (art. 238 et 241, tit. VIII).

Il y a, en outre, un tribunal criminel pour chaque département;

Le tribunal criminel est composé d'un président, d'un accusateur public, de quatre juges pris dans le tribunal civil, du commissaire du pouvoir exécutif près le même tribunal, ou de son substitut, et d'un greffier (art. 244 et 245, tit. VIII).

TRIBUNAL DE CASSATION.

Les assemblées électorales renouvellent tous les ans ce tribunal par cinquième.

Il y a près du Tribunal de cassation un commissaire et des substituts nommés et destituables par le Directoire exécutif (art. 258 et 261, tit. VIII).

HAUTE COUR DE JUSTICE.

La haute Cour de Justice est destinée à juger les accusations admises par le Corps législatif, soit contre ses propres membres, soit contre ceux du Directoire exécutif (art. 265).

La haute Cour de Justice est composée de cinq juges et de deux accusateurs nationaux élus par le Tribunal de cassation parmi ses propres membres, et de hauts jurés nommés par les assemblées électorales des départements (art. 265, 266, 267, 269 et 270, tit. VIII).

FORCE ARMÉE.

Il y a une garde nationale sédentaire composée de tous les citoyens et fils de citoyens en état de porter les armes;

La République entretient à sa solde, même en temps de

paix, sous le nom de garde nationale en activité, une armée de terre et de mer, formée, sauf le cas d'une loi spéciale, par enrôlement volontaire (art. 277, 285 et 286, tit. IX).

RELATIONS EXTÉRIEURES.

Le commandement général des armées de la République ne peut être confié à un seul homme (art. 289, tit. IX).

La guerre ne peut être décidée que par un décret du Corps législatif, sur la proposition formelle et nécessaire du Directoire exécutif (art. 326, tit. XII).

REVISION DE LA CONSTITUTION.

Le Conseil des Anciens propose, s'il y a lieu, la revision de la Constitution.

Cette proposition doit être ratifiée par le Conseil des Cinq-Cents (art. 336 et 337, tit. XIII).

Lorsque dans un espace de neuf années, la proposition du Conseil des Anciens, ratifiée par le Conseil des Cinq-Cents, a été faite à trois époques éloignées l'une de l'autre de trois années au moins, une assemblée de revision est convoquée (art. 338, tit. XIII).

DISPOSITIONS GÉNÉRALES.

Nul ne peut être empêché d'exercer, en se conformant aux lois, le culte qu'il a choisi.

Nul ne peut être forcé de contribuer aux dépenses d'aucun culte. La République n'en salarie aucun (art. 354, tit. XIV).

Nous ne savons rien de plus navrant que l'étude rétrospective de ces trois Constitutions et de toutes les lois où la Révolution affirma, du premier jour jusqu'au dernier, les mêmes principes de Droit politique et de rénovation sociale.

La France actuelle saura-t-elle revivre à ces principes, et, les soumettant au contrôle de sa raison nouvelle, de son esprit scientifique nouveau, y trouver la source des destinées qu'elle entrevit?

TABLE DES MATIÈRES

Paris. — Imprimerie G. Rougier et Cie, 1, rue Cassette.

www.ingramcontent.com/pod-product-compliance
Ingram Content Group UK Ltd.
Pitfield, Milton Keynes, MK11 3LW, UK
UKHW020336230726
13925UKWH00002B/818

9 782013 610414